가서를 배우더라도

하는 **개념**과 **기본 문제** 구성으로

교 평가에 완벽 대비할 수 있어요!

KB084769

11종
검정 교과서

단원 평가 자료집

사회
4-2

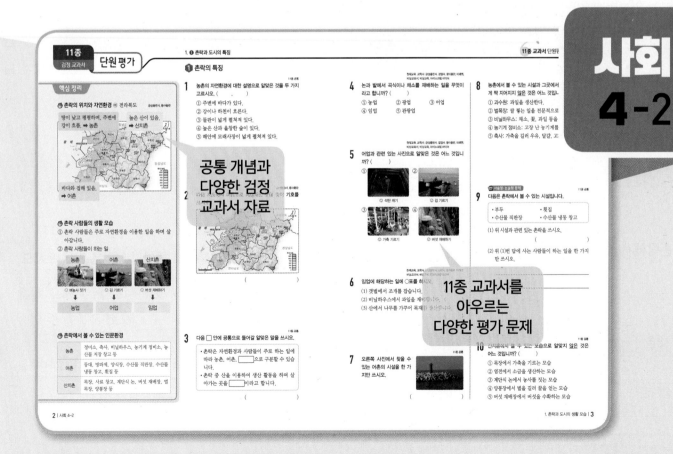

핵심 정리

🔵 촌락의 위치와 자연환경 예 전라북도
금성출판사, 동아출판

땅이 낮고 평평하며, 주변에 강이 흐름. ➡ 농촌

높은 산이 있음. ➡ 산지촌

바다와 접해 있음. ➡ 어촌

🔵 촌락 사람들의 생활 모습
① 촌락 사람들은 주로 자연환경을 이용한 일을 하며 살아갑니다.
② 촌락 사람들이 하는 일

농촌	어촌	산지촌
⬆ 벼농사 짓기	⬆ 김 기르기	⬆ 버섯 재배하기
⬇	⬇	⬇
농업	어업	임업

🔵 촌락에서 볼 수 있는 인문환경

농촌	정미소, 축사, 비닐하우스, 농기계 정비소, 농산물 저장 창고 등
어촌	등대, 방파제, 양식장, 수산물 직판장, 수산물 냉동 창고, 횟집 등
산지촌	목장, 사료 창고, 계단식 논, 버섯 재배장, 벌목장, 양봉장 등

❶ 촌락의 특징

11종 공통

1 농촌의 자연환경에 대한 설명으로 알맞은 것을 두 가지 고르시오. (　　,　　)
① 주변에 바다가 있다.
② 강이나 하천이 흐른다.
③ 들판이 넓게 펼쳐져 있다.
④ 높은 산과 울창한 숲이 있다.
⑤ 해안에 모래사장이 넓게 펼쳐져 있다.

금성출판사, 동아출판

2 다음 지도에서 어촌으로 예상되는 곳을 찾아 기호를 쓰시오.

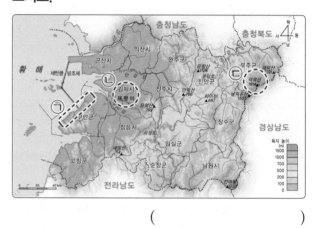

(　　　　　　　　)

11종 공통

3 다음 ☐ 안에 공통으로 들어갈 알맞은 말을 쓰시오.

• 촌락은 자연환경과 사람들이 주로 하는 일에 따라 농촌, 어촌, ☐으로 구분할 수 있습니다.
• 촌락 중 산을 이용하여 생산 활동을 하며 살아가는 곳을 ☐이라고 합니다.

(　　　　　　　　)

정답 1쪽

천재교육, 교학사, 금성출판사, 김영사, 동아출판, 미래엔,
비상교과서, 비상교육, 아이스크림 미디어

4 논과 밭에서 곡식이나 채소를 재배하는 일을 무엇이라고 합니까? (   )

① 농업   ② 광업   ③ 어업
④ 임업   ⑤ 관광업

천재교육, 교학사, 금성출판사, 김영사, 동아출판, 미래엔,
비상교과서, 비상교육, 아이스크림 미디어

5 어업과 관련 있는 사진으로 알맞은 것은 어느 것입니까? (   )

①
⚠ 석탄 캐기

②
⚠ 김 기르기

③
⚠ 가축 기르기

④
⚠ 버섯 재배하기

천재교육, 교학사, 금성출판사, 김영사, 동아출판, 미래엔,
비상교과서, 비상교육, 아이스크림 미디어

6 임업에 해당하는 일에 ○표를 하시오.

(1) 갯벌에서 조개를 잡습니다.   (   )
(2) 비닐하우스에서 과일을 재배합니다. (   )
(3) 산에서 나무를 가꾸어 목재를 생산합니다.
                                    (   )

11종 공통

7 오른쪽 사진에서 찾을 수 있는 어촌의 시설을 한 가지만 쓰시오.

(   )

11종 공통

8 농촌에서 볼 수 있는 시설과 그곳에서 하는 일이 알맞게 짝 지어지지 않은 것은 어느 것입니까? (   )

① 과수원: 과일을 생산한다.
② 벌목장: 쌀 찧는 일을 전문적으로 한다.
③ 비닐하우스: 채소, 꽃, 과일 등을 재배한다.
④ 농기계 정비소: 고장 난 농기계를 수리한다.
⑤ 축사: 가축을 길러 우유, 달걀, 고기 등을 얻는다.

🗒 서술형·논술형 문제   11종 공통

9 다음은 촌락에서 볼 수 있는 시설입니다.

| • 부두 | • 횟집 |
| • 수산물 직판장 | • 수산물 냉동 창고 |

(1) 위 시설과 관련 있는 촌락을 쓰시오.
                    (   )

(2) 위 (1)번 답에 사는 사람들이 하는 일을 한 가지만 쓰시오.

_____

_____

11종 공통

10 산지촌에서 볼 수 있는 모습으로 알맞지 않은 것은 어느 것입니까? (   )

① 목장에서 가축을 기르는 모습
② 염전에서 소금을 생산하는 모습
③ 계단식 논에서 농사를 짓는 모습
④ 양봉장에서 벌을 길러 꿀을 얻는 모습
⑤ 버섯 재배장에서 버섯을 수확하는 모습

11종
검정 교과서
단원 평가

핵심 정리

🌏 도시의 모습

높은 건물과 아파트 단지가 많음.

다양한 회사와 공장이 있음.

크고 작은 도로가 연결되어 있고, 교통수단이 발달했음.

🌏 도시 사람들이 하는 일
① 자연에서 얻은 것을 가공하여 사람들에게 필요한 것을 만들거나 물건을 팔기도 합니다.
② 사람들이 편리하게 생활할 수 있도록 도와주는 일을 합니다.

🌏 도시가 위치하는 곳
① 과거에 도시가 발달했던 곳

비상교과서

- 하천 주변의 넓고 평평한 땅
- 바닷가

② 오늘날 도시가 발달한 곳

발달한 곳	우리나라의 도시 예
교통이 편리한 곳	• 도로·철도 교통이 발달한 서울특별시 • 항공 교통이 발달한 인천광역시 • 해상 교통이 발달한 부산광역시
일자리가 많은 곳	국가 산업 단지가 조성된 울산광역시와 전라남도 여수시
계획하여 만들어진 곳	행정의 중심지로 새롭게 계획하여 만든 세종특별자치시

❷ 도시의 특징

11종 공통

1 다음 어린이들이 설명하는 곳은 어디인지 쓰시오.

많은 사람이 모여 살고 있어.

정치, 경제, 문화의 중심이 되는 곳이야.

(   )

11종 공통

2 도시의 모습으로 알맞지 <u>않은</u> 것은 어느 것입니까?
(   )

① 높은 건물이 많음.   ② 교통수단이 발달했음.

③ 다양한 회사와 공장이 있음.   ④ 집이 띄엄띄엄 떨어져 있음.

11종 공통

3 도시에 대한 설명으로 알맞은 것에 모두 ○표를 하시오.
(1) 거리에 많은 사람이 오갑니다. (   )
(2) 박물관, 미술관 등 문화 시설이 많습니다.
(   )
(3) 백화점, 대형 할인점 등의 상점을 찾기 어렵습니다. (   )

정답 1쪽

4 도시에서 쉽게 볼 수 있는 시설이나 공공 기관을 두 가지 고르시오. (,   )

① 도청   ② 정미소
③ 도서관   ④ 양식장
⑤ 농기계 정비소

11종 공통

5 도시에 대해 알맞게 말한 어린이를 쓰시오.

> 우영: 크고 작은 도로가 연결되어 있어.
> 채윤: 아파트에 사는 사람은 별로 없어.
> 은성: 주로 자연환경을 이용하여 생산 활동을 하며 살아가는 곳이야.

(   )

11종 공통

6 도시 사람들이 하는 일로 가장 알맞지 <u>않은</u> 것은 어느 것입니까? (   )

① 회사나 공장에서 일한다.
② 공연장에서 음악회를 한다.
③ 고랭지 채소밭에서 배추를 재배한다.
④ 사람들에게 물건이나 음식을 판매한다.
⑤ 법원, 교육청 등 공공 기관에서 일한다.

천재교육, 천재교과서, 교학사, 금성출판사, 김영사,
동아출판, 비상교과서, 비상교육, 지학사

7 서울특별시에 대한 설명으로 알맞은 것을 두 가지 고르시오. (,   )

① 우리나라의 수도이다.
② 해상 교통의 중심지이다.
③ 도로와 철도 교통이 편리한 곳이다.
④ 사람들은 주로 농업을 하며 살아간다.
⑤ 사람이나 물건이 오고 가기 어려워 도시로 발달하지 못했다.

천재교육, 천재교과서, 교학사, 김영사,
동아출판, 미래엔, 비상교육

8 부산광역시에 대한 설명으로 알맞은 것을 보기 에서 찾아 기호를 쓰시오.

> **보기**
> ㉠ 큰 항구가 있는 우리나라 제2의 도시입니다.
> ㉡ 바다와 접해 있지 않아 해상 교통이 불편합니다.
> ㉢ 수도권에 집중된 과도한 행정 기능을 분산하려고 만든 도시입니다.
> ㉣ 국토의 중심에 위치하여 지방과 수도권을 잇는 역할을 하고 있습니다.

(   )

[9~10] 다음 칠판에 정리한 내용을 보고, 물음에 답하시오.

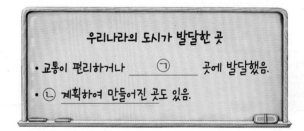

서술형·논술형 문제

11종 공통

9 위 ㉠에 들어갈 알맞은 내용을 쓰시오.

_____

_____

11종 공통

10 위 ㉡과 관련 있는 곳으로, 행정의 중심지로 새롭게 계획하여 만든 도시는 어디입니까? (   )

① 부산광역시   ② 인천광역시
③ 울산광역시   ④ 세종특별자치시
⑤ 전라남도 광양시

핵심 정리

🍙 살기 좋은 촌락을 만들기 위한 노력

촌락 문제	촌락 문제를 해결하려는 노력
일손 부족	다양한 기계를 이용함.
소득 감소	• 기술 개발로 품질 좋은 농수산물을 생산함. • 생산물을 새로운 제품으로 만들어 판매함. • 축제를 열거나 관광 상품을 만듦.
시설 부족	• 폐교, 마을 회관 등 촌락의 공간을 이용하여 부족한 시설을 만듦. • 공영 버스, 공영 택시 등을 운행함.
인구 감소	귀촌하려는 사람들이 촌락에 잘 적응하도록 적극적으로 지원함.

🍙 살기 좋은 도시를 만들기 위한 노력

① 도시 문제의 발생 원인

촌락 인구 약 425만 명

2019년

도시 인구 약 4,760만 명

좁은 면적에 많은 사람이 모여 살면서 도시에는 다양한 문제가 나타나고 있음.

⚠ 촌락과 도시의 인구

② 도시 문제를 해결하려는 노력

도시 문제	도시 문제를 해결하려는 노력
주택 문제	부족한 주택을 늘리거나 주거 환경 개선 사업을 함.
환경 문제	물이나 공기를 깨끗하게 할 수 있는 시설을 늘리고 쓰레기 분리배출제를 실시함.
교통 문제	버스 전용 차로제, 승용차 요일제를 실시하고 방향이 같으면 자동차를 함께 탐.
소음 문제	천재교과서, 비상교과서, 아이스크림 미디어 이웃 간에 서로 배려하고, 소음 기준을 마련하여 지키도록 함.
범죄 문제	경찰 순찰 활동을 강화함. 비상교과서

❸ 촌락 및 도시 문제의 해결 방안

1 천재교과서, 교학사, 금성출판사, 김영사, 동아출판, 미래엔, 비상교과서, 비상교육, 지학사

다음 그래프에 대한 설명으로 알맞은 것에 ◯표를 하시오.

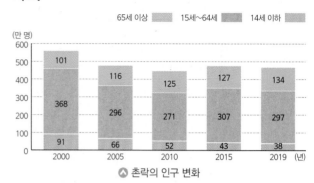

65세 이상 ▨   15세~64세 ▨   14세 이하 ▨

(만 명)

연도	65세 이상	15세~64세	14세 이하
2000	101	368	91
2005	116	296	66
2010	125	271	52
2015	127	307	43
2019	134	297	38

⚠ 촌락의 인구 변화

(1) 촌락의 인구가 크게 늘어났습니다. (　　　)

(2) 촌락에 사는 노인의 수는 늘어나고 있지만 어린이의 수는 줄어들고 있습니다. (　　　)

2 11종 공통

촌락 문제를 다룬 신문 기사의 제목으로 알맞은 것을 찾아 기호를 쓰시오.

㉠ 젊은 사람들이 북적이는 농촌, 주택 부족해

㉡ 학생 수가 줄어들어 문을 닫는 학교 생겨나

(　　　　　　　)

3 11종 공통

기계를 이용하여 농사를 지을 때 나타나는 특징을 알맞게 말한 어린이를 쓰시오.

혜림: 촌락의 일손 부족 문제가 더 심각해질 거야.

수영: 생산량이 줄어들어서 촌락 사람들이 어려움을 겪게 돼.

예찬: 농사지을 때 일손이 많이 필요하지 않고 편리하게 농사지을 수 있어.

(　　　　　　　)

4 촌락 사람들이 소득을 올리기 위해 하고 있는 노력으로 알맞지 <u>않은</u> 것은 어느 것입니까? (   )

① 품질 좋은 농수산물을 생산한다.
② 촌락의 환경을 이용해 축제를 연다.
③ 외국에서 값싼 농수산물을 많이 들여온다.
④ 품종을 개량하여 새로운 제품을 개발한다.
⑤ 수확한 작물을 다양한 상품으로 가공하여 판매한다.

11종 공통

5 귀촌의 의미가 알맞게 되도록 (   ) 안의 알맞은 말에 각각 ○표를 하시오.

> 귀촌: ❶(도시 / 촌락)에 살던 사람들이 삶의 터전을 ❷(도시 / 촌락)(으)로 옮기는 것을 말합니다.

📋 서술형·논술형 문제
11종 공통

6 도시에 많은 사람이 모여 살면서 어떤 문제가 발생하고 있는지 한 가지만 쓰시오.

_____

_____

천재교육, 천재교과서, 금성출판사, 김영사, 동아출판,
미래엔, 비상교육, 아이스크림 미디어, 지학사

7 다음은 도시의 어떤 문제를 해결하기 위한 노력입니까? (   )

> • 주거 환경 개선 사업을 합니다.
> • 경제적으로 어려운 사람들에게 집을 싼값에 빌려줍니다.

① 교통 문제   ② 소음 문제
③ 범죄 문제   ④ 주택 문제
⑤ 환경 문제

11종 공통

8 도시의 환경 문제를 해결하기 위한 노력으로 알맞은 것은 어느 것입니까? (   )

① 숲을 없앤다.
② 일회용품을 자주 사용한다.
③ 오염을 정화하는 시설을 설치한다.
④ 재활용 쓰레기는 종류에 상관없이 한꺼번에 버린다.
⑤ 전기 자동차의 이용을 반대하는 캠페인을 벌인다.

11종 공통

9 도시의 교통 문제를 해결하기 위한 노력으로 알맞지 <u>않은</u> 것은 어느 것입니까? (   )

①
승용차 요일제를 실시함.

②
버스 전용 차로제를 실시함.

③
거주자 우선 주차 제도를 실시함.

④
주택을 공급함.
[출처: 뉴스뱅크]

천재교과서, 비상교과서, 아이스크림 미디어

10 소음 문제를 해결하는 방안으로 알맞은 것을 두 가지 고르시오. (,   )

① 큰 소리로 음악을 듣는다.
② 이웃 간에 서로 주의하고 조심한다.
③ 바닥에 깔던 소음 방지 매트를 치운다.
④ 쿵쾅쿵쾅 소리를 내며 실내에서 뛰어다닌다.
⑤ 소음 기준을 정하여 사람들이 그 기준을 지키게 한다.

핵심 정리

🍥 **교류**

① 의미: 사람들이 오고 가거나 물건, 문화, 기술 등을 서로 주고받는 것을 말합니다.

② 필요성: 지역마다 생산물, 기술, 문화, 자연환경 등이 달라서 교류가 이루어집니다.

🍥 **촌락에서의 교류를 통해 주고받는 도움**

교류 모습	촌락과 도시 사람들에게 좋은 점
주말농장	• 촌락: 농사를 짓지 않는 땅을 도시 사람들에게 빌려줌. • 도시: 휴일에 촌락에 와서 농산물을 직접 가꿀 수 있음.
체험 학습	• 촌락: 다양한 체험을 통해 지역을 홍보함. • 도시: 촌락 생활을 체험하고 여가를 즐길 수 있음.
문화 공연	• 촌락: 공연을 볼 기회가 늘어남. • 도시: 여러 사람 앞에서 공연을 할 수 있어 관객의 범위가 넓어짐.
농산어촌 유학	• 촌락: 소득이 오르고, 폐교를 막을 수 있음. • 도시: 깨끗한 자연 속에서 다양한 교육을 받을 수 있음.

미래엔, 아이스크림 미디어

🍥 **촌락에서 열리는 지역 축제**

△ 산청 한방 약초 축제

△ 횡성 한우 축제 [출처: 뉴스뱅크]

① 촌락에서는 자연환경, 특산물 등을 이용하여 지역 축제를 엽니다.

② 지역 축제를 통해 촌락 사람들은 소득을 올릴 수 있고, 도시 사람들은 여가를 즐겁고 보람있게 보낼 수 있습니다.

1 교류의 의미와 촌락에서의 교류

11종 공통

1 다음과 같이 사람이 오고 가거나 물건, 문화, 기술 등을 서로 주고받는 것을 무엇이라고 하는지 쓰시오.

다음은 □□시에서 온 사물놀이패의 순서입니다.

이 자동차는 ○○시에 있는 공장에서 만들었어.

(   )

11종 공통

2 다음 교류의 모습 중 생산물과 관련 있는 것을 두 가지 고르시오. (,   )

① 다른 지역에서 막 잡아 온 생선을 샀다.

② 다른 지역에서 온 발레단의 공연을 봤다.

③ 다른 도시에서 만들어진 세탁기를 구매했다.

④ 부모님과 자연 휴양림에 가서 여가를 보냈다.

⑤ 목장에 가서 다양한 체험을 하며 재미있게 놀았다.

11종 공통

3 교류를 하는 까닭으로 알맞은 것을 보기 에서 찾아 기호를 쓰시오.

보기
㉠ 문화를 알릴 필요가 없기 때문에
㉡ 지역마다 자연환경이 같기 때문에
㉢ 교류를 통해 서로 필요한 것을 얻을 수 있기 때문에

(   )

11종 공통

4 촌락과 도시의 교류에 대한 설명으로 알맞은 것에 ○표를 하시오.

(1) 사람들은 물건만 주고받습니다.   (   )

(2) 도시 사람들이 촌락의 과일을 사는 것은 물건을 교류한 것입니다.   (   )

(3) 로컬 푸드 매장을 통해 교류할 때에는 도시 사람들만 높은 소득을 올립니다.   (   )

11종 공통

5 촌락에서 이루어지는 교류 중 오른쪽 사진과 관련 있는 것은 어느 것입니까? (   )

🔺 낚시하기

① 주말농장을 통한 교류
② 여가 생활을 통한 교류
③ 문화 공연을 통한 교류
④ 일손 돕기 봉사를 통한 교류
⑤ 로컬 푸드 매장을 통한 교류

11종 공통

6 다음 ⑺ 부분에 들어갈 신문 기사의 제목으로 가장 알맞은 것은 어느 것입니까? (   )

△△ 신문   20△△년 △△월 △△일

⑺

：

○○군에 들어선 로컬 푸드 매장을 방문한 도시 사람들은 싱싱한 농산물을 싸게 살 수 있으며, 촌락 사람들은 제값에 농산물을 팔 수 있었다.

① 이어지는 귀촌 현상
② 시작된 어업 박람회
③ 손 맞잡은 촌락과 도시
④ 꾸준히 감소하는 촌락 인구
⑤ 전통문화 체험이 만든 기적

11종 공통

7 도시 사람들과의 교류로 변화하는 촌락의 모습을 잘못 말한 어린이를 쓰시오.

기범: 마을 회관이 모두 사라졌어.
태연: 여가 생활을 위한 편의 시설이 늘고 있어.
나래: 특산물을 이용한 다양한 체험 활동이 운영 중이야.

(   )

11종 공통

8 촌락에서 도시와 촌락이 교류할 때 촌락 사람들에게 좋은 점으로 가장 알맞은 것은 어느 것입니까? (   )

① 체험 학습으로 촌락 생활을 체험할 수 있다.
② 주말농장을 통해 농산물을 가꾸는 경험을 할 수 있다.
③ 농산어촌 유학으로 소득이 높아지고, 폐교를 막을 수 있다.
④ 문화 공연을 볼 기회가 적은 사람들을 위해 공연을 하며 보람을 느낀다.
⑤ 지역 축제를 통해 평소 접하기 어려운 깨끗한 자연 속에서 여가 생활을 즐길 수 있다.

[9~10] 다음 사진을 보고, 물음에 답하시오.

🔺 산청 한방 약초 축제   🔺 횡성 한우 축제

11종 공통

9 위 사진의 공통점을 알맞게 말한 어린이를 쓰시오.

혜빈: 촌락은 행사를 준비하느라 소득이 줄어들어.
진영: 도시 사람들은 촌락의 자연환경이나 특산물을 알 수 있게 돼.

(   )

🔖 서술형·논술형 문제   11종 공통

10 도시 사람들이 위 축제에 참여하려고 촌락을 방문할 때 촌락이 거둘 수 있는 효과를 한 가지만 쓰시오.

_____

_____

핵심 정리

🍙 도시에서의 교류

① 촌락 사람들이 도시에 가는 까닭

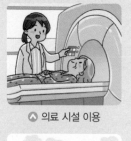

🔺 의료 시설 이용　　🔺 상업 시설 이용

🔺 공공 기관 이용　　🔺 문화 시설 이용

② 촌락 사람들이 도시를 방문하면 도시의 경제활동이 활발해지고 도시 사람들의 소득이 늘어납니다.

🍙 촌락과 도시의 교류

① 촌락과 도시는 서로 필요한 것을 교류하면서 상호 의존하고 있습니다.

② 교류 사례: 자매결연, 지역 축제, 농수산물 직거래 장터, 진료 봉사 활동, 장 담그기 체험 등

천재교과서, 아이스크림 미디어

🍙 촌락과 도시의 교류 모습을 조사하는 방법

🔺 문헌 조사　　🔺 면담

🔺 인터넷 조사　　🔺 현장 조사 (답사)

---

❷ 도시에서의 교류와 교류 모습 조사

11종 공통

1 다음 어린이들이 공통적으로 방문할 지역은 어디입니까? (　　　)

> 재석: 음악회를 갔다 와야지.
> 형돈: 친구들과 좋아하는 가수의 공연장을 갈 거야.
> 진경: 어머니와 함께 일을 처리하려고 시청에 갈 예정이야.

① 섬　　　　　② 도시
③ 농촌　　　　④ 산지촌
⑤ 바닷가

11종 공통

2 촌락 사람들이 도시를 찾는 까닭 중 오른쪽 그림과 관련 있는 것은 어느 것입니까?
(　　　)

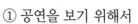
└ 촌락 사람

① 공연을 보기 위해서
② 필요한 물품을 사기 위해서
③ 깨끗한 자연을 즐기기 위해서
④ 대형 상점가를 이용하기 위해서
⑤ 종합 병원에서 검사를 하기 위해서

11종 공통

3 촌락 사람이 상업 시설을 이용하기 위해 도시를 방문한 사례로 알맞은 것은 어느 것입니까? (　　　)

① 산에서 야영을 했다.
② 백화점에서 옷을 샀다.
③ 밭에서 고구마를 캐는 체험을 했다.
④ 법원에 가서 재판 과정을 견학했다.
⑤ 병원에서 첨단 의료 시설로 건강 검진을 받았다.

서술형·논술형 문제   11종 공통

4 촌락 사람들이 도시에 가는 까닭을 쓰시오.

_____

_____

11종 공통

5 다음 ㉠과 ㉡에 들어갈 말이 알맞게 짝 지어진 것은 어느 것입니까? (   )

> 촌락 사람들이 도시에 가서 이용하려는 시설에는 ㉠ , 공연장 등이 있습니다. 이러한 공공 기관이나 시설이 주로 도시에 있는 까닭은 도시에 인구가 ㉡ 때문입니다.

	㉠	㉡		㉠	㉡
①	시청	적기	②	축사	많기
③	양봉장	적기	④	백화점	많기
⑤	박물관	적기			

11종 공통

6 촌락과 도시 사람들이 교류하는 사례로 알맞지 <u>않은</u> 것은 어느 것입니까? (   )

① 도시와 촌락이 자매결연을 한다.

② 도시에서 촌락으로 진료 봉사 활동을 간다.

③ 농사를 짓는 데 부족한 일손을 도와주려고 촌락에서 도시로 간다.

④ 도시에서 경험하기 어려운 고추장 담그기 체험을 하러 촌락으로 간다.

⑤ 촌락에서 보기 힘든 대형 박물관의 전시 작품을 관람하려고 도시로 간다.

11종 공통

7 촌락과 도시의 교류와 관련하여 다음 (   ) 안의 알맞은 말에 각각 ○표를 하시오.

(1) 촌락과 도시는 서로의 (부족 / 풍족)한 점을 채워 줍니다.

(2) 촌락의 부족한 일손 돕기, 촌락에서 공연 활동하기 등은 (축제 / 봉사)를 통한 교류입니다.

11종 공통

8 촌락과 도시의 관계에 대해 알맞게 설명한 어린이를 쓰시오.

> 선호: 촌락 사람들은 도시 사람들에게서 도움을 받기만 해.
> 영지: 촌락과 도시는 다양한 교류를 하며 함께 발전하고 있어.

(   )

천재교육, 교학사, 금성출판사, 동아출판, 미래엔, 비상교과서,
비상교육, 아이스크림 미디어, 지학사

9 함께 발전하는 촌락과 도시를 만들기 위해 할 수 있는 노력을 보기 에서 찾아 기호를 쓰시오.

> **보기**
> ㉠ 자기가 사는 곳의 생산물만 이용합니다.
> ㉡ 자매결연으로 필요한 도움을 주고받습니다.
> ㉢ 외국의 값싼 농수산물을 주로 이용해 촌락과 도시 모두 돈을 아낍니다.

(   )

천재교육, 천재교과서, 교학사, 김영사, 비상교과서,
비상교육, 아이스크림 미디어, 지학사

10 촌락과 도시의 교류 모습을 조사하는 방법으로 알맞지 <u>않은</u> 것은 어느 것입니까? (   )

① 위인전 살펴보기

② 신문 기사 살펴보기

③ 공공 기관 누리집 검색하기

④ 지역의 홍보 자료 읽어 보기

⑤ 지방 자치 단체 직원과 면담 진행하기

핵심 정리

🌰 희소성과 선택의 문제

① 희소성은 사람들의 끝없는 욕구에 비해 자원이 부족한 상태를 말합니다.

▲ 무엇을 탈지 고민함.

② 경제활동을 하는 모든 사람은 자원의 희소성 때문에 끊임없이 선택의 문제를 겪습니다.

③ 선택의 문제 예

천재교과서

생산자가 겪는 선택의 문제	• 어떤 빵을 만들까? • 땅의 크기는 정해져 있는데, 배추와 무 중 어느 것을 심을까?
소비자가 겪는 선택의 문제	• 둘 다 하기에는 시간이 부족한데 축구를 할까, 영화를 볼까? • 둘 다 사기에는 돈이 부족한데, 옷과 신발 중 어느 것을 살까?

🌰 현명한 선택

① 여러 가지를 신중히 고려하여 돈과 자원을 절약하며 큰 만족감을 얻을 수 있는 선택을 말합니다.

② 현명한 선택을 하지 않으면 돈과 자원을 낭비하고 후회하게 됩니다.

🌰 현명한 선택을 하기 위해 물건의 정보를 얻는 방법

인터넷 검색하기	• 물건을 산 사람들의 의견을 알 수 있음. • 여러 물건의 가격을 한눈에 비교할 수 있음. • 과장되거나 잘못된 정보인지 확인해야 함.
광고 보기	• 물건에 관한 여러 정보를 얻을 수 있음. • 모델만을 강조하거나 사실을 지나치게 부풀리고 있지 않은지 살펴봄.
상점 방문하기	• 여러 물건을 직접 비교할 수 있음. • 판매원에게 궁금한 점을 물어볼 수 있음.
주변 사람에게 묻기	물건의 품질, 장단점 등을 자세히 알 수 있음.

❶ 희소성과 현명한 선택

11종 공통

1 다음 ㉠과 ㉡에 들어갈 말이 알맞게 짝 지어진 것은 어느 것입니까? (   )

> 경제활동에서 ㉠ 의 문제가 일어나는 까닭은 사람들이 원하는 것은 많지만 원하는 것을 모두 가질 수 ㉡ 상태이기 때문입니다.

	㉠	㉡		㉠	㉡
①	선택	있는	②	정치	있는
③	선택	없는	④	정치	없는
⑤	문화	없는			

📋 서술형·논술형 문제

천재교과서, 동아출판

2 다음 그림과 같이 옛날에 물을 사 먹지 않았던 까닭을 한 가지만 쓰시오.

_____

_____

11종 공통

3 희소성과 관련하여 다음 (   ) 안의 알맞은 말에 ○표를 하시오.

(1) 희소성은 사람들의 욕구에 비해 자원이 (부족 / 풍부)한 상태를 말합니다.

(2) 쓰는 만큼 돈이 채워지는 지갑이 있다면 원하는 물건을 모두 살 수 (있습니다 / 없습니다).

천재교과서

4 소비자가 겪는 선택의 문제에 해당하는 그림을 찾아 ○표를 하시오.

(1) 옷과 신발 둘 다 선물해 주면 좋을 텐데, 돈이 부족하네.

( )

(2) 내가 가진 땅은 정해져 있는데 배추와 무 중 무엇을 심을까?

( )

천재교육, 교학사, 금성출판사, 김영사, 동아출판, 미래엔, 비상교과서, 비상교육, 아이스크림 미디어

5 다음 사례가 현명한 선택이 되기 위해 공통적으로 고려했어야 하는 점은 어느 것입니까? ( )

- 시계가 예뻐서 샀는데 금방 고장이 났습니다.
- 가방이 싸서 샀는데 가방끈이 너무 얇아 끊어질 것 같습니다.

① 디자인이 예쁜가?
② 가격이 적당한가?
③ 오래 쓸 수 있는가?
④ 친구들이 가지고 있는가?
⑤ 텔레비전에서 광고를 하고 있는가?

천재교육, 천재교과서, 교학사, 금성출판사, 김영사, 동아출판, 미래엔, 비상교과서, 비상교육, 아이스크림 미디어

6 현명한 선택을 하는 방법으로 알맞지 <u>않은</u> 것은 어느 것입니까? ( )

① 물건의 가격을 비교해 본다.
② 물건의 품질을 꼼꼼히 따진다.
③ 선택으로 얻을 수 있는 즐거움을 고려한다.
④ 물건의 정보를 얻기 전에 먼저 물건을 산다.
⑤ 선택 기준을 정하고 기준에 맞는 물건을 고른다.

천재교육, 교학사, 금성출판사, 김영사, 동아출판, 미래엔, 비상교과서, 비상교육, 아이스크림 미디어

7 현명한 선택을 한 어린이는 누구인지 쓰시오.

지우: 옷 크기를 잘 확인하고 샀더니 옷이 내게 딱 맞아.
우찬: 앗! 집에 똑같은 장난감이 있었네. 새로운 장난감을 사기 전에 미리 확인할걸.

( )

📋 서술형·논술형 문제
천재교육, 교학사, 금성출판사, 김영사, 동아출판, 미래엔, 비상교과서, 비상교육, 아이스크림 미디어

8 경제활동을 할 때 현명한 선택을 하면 어떤 점이 좋은지 한 가지만 쓰시오.

_____

_____

천재교육, 천재교과서, 교학사, 김영사, 동아출판, 미래엔, 비상교과서, 지학사

9 물건의 정보를 얻는 방법에 대한 설명으로 알맞은 것에 ○표를 하시오.

(1) 광고를 통해 물건의 특징을 알기는 어렵습니다.

( )

(2) 인터넷을 검색하면 물건들의 가격을 한눈에 비교할 수 있습니다.

( )

천재교육, 천재교과서, 교학사, 김영사, 동아출판, 미래엔, 비상교과서, 지학사

10 물건의 정보를 얻는 방법에 대한 설명으로 알맞지 <u>않은</u> 것은 어느 것입니까? ( )

① 광고를 볼 때는 모델의 외모에 집중을 해야 한다.
② 상품 포장지에서 품질 인증 등의 정보를 얻을 수 있다.
③ 주변 사람들에게 물어보면 물건의 장단점을 알 수 있다.
④ 상점을 방문하면 판매원에게 궁금한 점을 물어볼 수 있다.
⑤ 인터넷에서 검색을 할 때는 물건의 정보가 과장되거나 잘못된 정보인지 확인해야 한다.

사회

11종
검정 교과서

단원 평가

핵심 정리

🌀 시장

① 생활에 필요한 여러 가지 것들을 사고파는 곳입니다.
② 생산자와 소비자가 물건이나 서비스를 거래합니다.
③ 눈에 보이는 시장과 눈에 보이지 않는 시장이 있습니다.

🌀 우리 주변의 다양한 시장

천재교과서, 동아출판, 비상교육, 아이스크림 미디어, 지학사

전통 시장	오랜 기간에 걸쳐 일정한 지역에 자연적으로 만들어진 시장
백화점	여러 가지 상품을 부문별로 나누어 진열하여 판매하는 대규모 종합 상점
텔레비전 홈 쇼핑	가정에서 방송으로 상품을 보고 살 수 있는 시장
인터넷 쇼핑몰	스마트폰이나 컴퓨터를 통해 인터넷으로 다양한 상품을 비교하여 살 수 있는 시장

🌀 시장에서 이루어지는 경제활동

① 생산과 소비

생산	소비

⬆ 빵집에서 빵을 만듦.	⬆ 과일 가게에서 과일을 삼.
사람들에게 필요한 물건을 만들거나 우리 생활을 편리하게 해 주는 활동	생활에 필요한 물건이나 서비스를 돈을 내고 이용하는 활동

② 생산과 소비의 관계

• 생산 활동과 소비 활동은 동시에 일어나기도 합니다.
• 생산 활동 과정에서 소득을 얻어 여러 소비 활동을 하고 편리한 생활을 누릴 수 있습니다.

② 시장에서의 경제활동

1 시장에 대한 설명으로 알맞은 것에 ○표를 하시오.

11종 공통

(1) 시장에서는 눈에 보이는 물건만 거래합니다.
                                                    (   )

(2) 생산자와 소비자가 직접 얼굴을 마주보지 않는 인터넷 쇼핑몰도 시장입니다.   (   )

2 사람들이 직접 만나지 않는 시장으로 알맞은 것은 어느 것입니까? (   )

아이스크림 미디어, 지학사

① 백화점   ② 편의점
③ 꽃 시장   ④ 전통 시장
⑤ 텔레비전 홈 쇼핑

3 시장에 대한 설명으로 알맞지 <u>않은</u> 것은 어느 것입니까? (   )

천재교과서, 동아출판, 비상교육, 아이스크림 미디어, 지학사

① 시장에서는 경제활동이 일어난다.
② 인터넷 쇼핑몰은 눈에 보이지 않는 시장이다.
③ 늦은 시간까지 여러 상품을 판매하는 편의점은 규모가 작아서 시장이라 보기 어렵다.
④ 백화점은 큰 건물 안에서 여러 상품을 종류별로 구분하여 판매하는 종합 시장이다.
⑤ 특정한 종류의 물건을 전문적으로 파는 시장에는 꽃 시장, 농수산물 시장 등이 있다.

4 경제활동과 관련하여 다음 (   ) 안의 알맞은 말에 ○표를 하시오.

11종 공통

(1) 공장에서 과자를 만드는 것은 (생산 / 소비) 활동입니다.

(2) 축구장에서 축구 경기를 관람하는 것은 (생산 / 소비) 활동입니다.

5 생산 활동으로 알맞은 것은 어느 것입니까? (   )

11종 공통

① 지민이는 친구들과 자장면을 사 먹었다.

② 태형이는 치과에서 충치 치료를 받았다.

③ 꽃집을 운영하는 삼촌은 꽃다발을 만들었다.

④ 석진이는 약속 장소로 가기 위해 버스를 탔다.

⑤ 남준이는 아버지와 함께 미술 전시회를 관람했다.

6 생활에 필요한 물건이나 서비스를 돈을 내고 이용하는 활동에 해당하는 것은 어느 것입니까? (   )

11종 공통

①
◬ 영화를 관람함.

②
◬ 미용사가 머리를 손질함.

③
◬ 빵집에서 빵을 만듦.

④
◬ 물건을 배달함.

7 생산과 소비에 대해 알맞게 말한 어린이를 쓰시오.

11종 공통

> 광일: 생산과 소비는 동시에 일어날 수 없어.
> 원재: 교실에서 수업이 진행될 때는 선생님은 생산자, 학생들은 소비자에 해당해.

(   )

[8~9] 다음은 하나의 과일 주스가 우리에게 오기까지의 과정을 순서대로 나타낸 것입니다. 물음에 답하시오.

1
◬ 과일 농사를 지음.

2
◬ 과일을 수확하여 포장함.

3
◬ 과일을 시장으로 운반함.

4
◬ 가게에서 과일 주스를 사 먹음.

8 위 **1**~**4** 중 소비에 해당하는 것을 쓰시오.

11종 공통

(   )

📋 서술형·논술형 문제

천재교육, 교학사, 김영사, 미래엔, 비상교과서, 비상교육, 아이스크림 미디어

9 위 그림을 보고 알 수 있는 생산과 소비의 관계를 한 가지만 쓰시오.

_____

_____

천재교육, 금성출판사, 김영사, 동아출판, 미래엔, 비상교과서, 비상교육

10 생산과 소비의 관계에 대한 설명으로 알맞은 것을 두 가지 고르시오. (,   )

① 생산과 소비는 서로 영향을 미치지 않는다.

② 물건을 배달하여 번 소득으로 소비를 할 수 있다.

③ 벼농사를 짓는 사람이 없어도 밥을 먹을 수 있다.

④ 과자를 만드는 사람이 없어도 과자를 먹을 수 있다.

⑤ 자동차를 타는 사람이 없다면 자동차를 생산할 필요가 없다.

❸ 생산 활동의 종류와 현명한 소비 생활

천재교육, 교학사, 금성출판사, 김영사, 동아출판, 미래엔,
비상교과서, 비상교육, 아이스크림 미디어, 지학사

핵심 정리

🌀 생산 활동의 종류

① 생활에 필요한 것을 자연에서 얻는 활동

△ 과일 따기　　△ 물고기 잡기

② 생활에 필요한 것을 만드는 활동

△ 김치 만들기　　△ 자동차 만들기

③ 생활을 편리하고 즐겁게 해 주는 활동

△ 물건 배달하기　　△ 수업하기

🌀 현명한 소비 생활

① 의미: 계획을 미리 세우고 소득의 범위 안에서 필요한 것을 사 돈을 낭비하지 않는 것

② 현명한 소비 생활을 하는 방법

미래엔, 지학사

예 **용돈 기입장 쓰기**	
작성 방법	• 용돈이 들어오고 나간 날짜 쓰기 • 용돈을 어디에 사용했는지 그 내용을 그날 그날 적기 • 매주 또는 매달 마지막 날에 그동안 들어온 돈, 나간 돈, 남은 돈을 모두 계산해서 기록하기
용돈 기입장을 작성하면 좋은 점	• 소비 내역을 한눈에 알 수 있음. • 이전의 소비 생활을 되돌아보고 앞으로의 소비 계획을 세울 수 있음.

1 다음 생산 활동의 종류에 해당하는 것을 찾아 줄로 이으시오.

(1) 생활에 필요한 것을 만듦.　·　　·　㉠ 농사짓기

(2) 생활을 편리하고 즐겁게 해 줌.　·　　·　㉡ 물건 판매하기

(3) 생활에 필요한 것을 자연에서 얻음.　·　　·　㉢ 자동차 조립하기

천재교육, 교학사, 금성출판사, 김영사, 동아출판, 미래엔,
비상교과서, 비상교육, 아이스크림 미디어, 지학사

2 생산 활동의 종류가 나머지 셋과 <u>다른</u> 하나는 어느 것입니까? (　　　)

① 　　②

△ 공연하기　　△ 수업하기

③ 　　④

△ 건물 짓기　　△ 물건 배달하기

🖊 서술형·논술형 문제

천재교육, 교학사, 금성출판사, 김영사, 동아출판, 미래엔,
비상교과서, 비상교육, 아이스크림 미디어, 지학사

3 다음 질문에 대한 알맞은 댓글을 쓰시오.

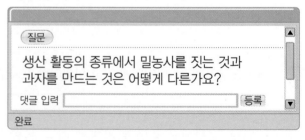

질문

생산 활동의 종류에서 밀농사를 짓는 것과 과자를 만드는 것은 어떻게 다른가요?

댓글 입력　　　　　　　　　　　등록

완료

_____

_____

11종 공통

4 생산 활동에 대해 알맞게 말한 어린이를 쓰시오.

> 슬기: 서비스를 제공하는 것도 생산 활동이야.
> 주현: 생활에 필요한 것을 자연에서 얻는 활동만 생산 활동이라고 할 수 있어.

( )

천재교육, 천재교과서, 교학사, 금성출판사, 김영사,
미래엔, 비상교과서, 비상교육, 지학사

5 현명한 소비 생활에 대한 설명으로 알맞은 것에 ○표를 하시오.

(1) 현명한 소비를 하면 자원을 낭비하게 됩니다.
( )

(2) 계획 세우기, 정보 활용하기, 선택 기준 세우기 등을 통해 현명한 소비 생활을 할 수 있습니다.
( )

천재교육, 천재교과서, 교학사, 금성출판사, 김영사,
미래엔, 비상교과서, 비상교육, 지학사

6 현명한 소비 생활을 하는 방법으로 알맞은 것은 어느 것입니까? ( )

① 용돈은 모두 저축한다.
② 새로운 제품이 나오면 무조건 산다.
③ 물건을 살 때는 가격만 따져서 산다.
④ 가계부를 쓰고 소득의 범위 안에서 소비한다.
⑤ 디자인, 성능에 대한 정보는 활용하지 않는다.

천재교육, 천재교과서, 교학사, 금성출판사, 김영사,
미래엔, 비상교과서, 비상교육, 지학사

7 현명한 소비 생활을 하고 있는 어린이를 쓰시오.

> 희도: 난 무조건 싼 것만 사.
> 이진: 나는 용돈 기입장을 쓰고 있어.
> 유림: 용돈의 범위 안에서 물건을 사고 한 푼도 남기지 않아.

( )

미래엔, 지학사

8 용돈 기입장에 대한 설명으로 알맞은 것에 ○표를 하시오.

(1) 용돈 기입장에 나간 돈만 기록합니다. ( )

(2) 용돈 기입장을 쓰면 현명하지 못한 소비를 반성할 수 있습니다. ( )

[9~10] 다음 두 초콜릿을 비교한 자료를 보고, 물음에 답하시오.

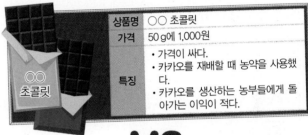

상품명	○○ 초콜릿
가격	50 g에 1,000원
특징	• 가격이 싸다. • 카카오를 재배할 때 농약을 사용했다. • 카카오를 생산하는 농부들에게 돌아가는 이익이 적다.

VS

상품명	△△ 초콜릿
가격	50 g에 3,000원
특징	• 가격이 비싸다. • 카카오를 재배할 때 농약을 사용하지 않았다. • 카카오를 생산하는 농부들에게 돌아가는 이익이 많다.

천재교육

9 다음 ( ) 안의 알맞은 말에 ○표를 하시오.

> △△ 초콜릿을 사는 것을 (착한 / 나쁜) 소비라고 합니다. 최근에는 무조건 가격이 싼 상품을 사는 것이 아니라 생산자와 환경 등을 생각하는 소비 활동이 관심을 끌고 있습니다.

📚 서술형·논술형 문제 천재교육, 금성출판사, 비상교과서, 비상교육

10 위 **9**번에서 답한 소비 활동을 할 때 고려해야 하는 점을 한 가지만 쓰시오.

_____

_____

11종
검정 교과서

단원 평가

핵심 정리

🐚 상품의 생산지(원산지)를 확인하는 방법

① 품질 표시 확인하기
② 상품 안내판 확인하기
③ 큐아르(QR) 코드 확인하기
④ 대형 할인점의 광고지 확인하기
⑤ 누리집에서 상품 정보 검색하기

🔺 대형 할인점의 광고지

🐚 경제 교류의 의미와 대상

의미	경제적 이익을 얻기 위해 상품, 기술, 정보 등을 서로 주고받는 것
대상	• 옛날에는 주로 지역과 지역, 국가와 국가가 경제 교류를 했음. • 오늘날에는 교통과 통신의 발달로 개인, 기업 등도 활발하게 경제 교류를 함.

🐚 경제 교류가 발생하는 까닭

① 지역마다 자연환경, 생산 기술, 자원 등이 다르기 때문입니다.
② 우리 지역에서 생산되지 않거나 부족한 상품은 다른 지역에서 사 오기 때문입니다.

🐚 경제 교류를 할 때의 좋은 점

천재교육, 교학사, 금성출판사, 김영사, 미래엔, 비상교과서, 비상교육, 지학사

상품 전시회	다른 지역의 상품 정보 등을 주고받음.
직거래 장터	지역의 대표 상품을 판매하여 소득을 높임.
기술 협력	기술을 공유해서 더 나은 상품을 개발함.
자매결연	다른 지역과 친선 관계를 맺어 서로 돕거나 교류함.

⬇

• 경제적 이익을 얻음.
• 지역끼리 협력하여 화합함.
• 우리 지역을 찾는 사람들의 수가 증가해 지역이 발전함.

---

1 경제 교류가 필요한 까닭

[1~3] 다음 우리 지역(서울특별시)의 상품 교류 지도를 보고, 물음에 답하시오.

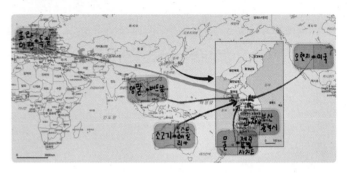

천재교육, 천재교과서, 금성출판사, 김영사, 동아출판, 미래엔, 비상교과서, 비상교육, 아이스크림 미디어, 지학사

1 위 상품 교류 지도를 보고, 다음 ☐ 안에 들어갈 알맞은 말을 쓰시오.

> 위 지도는 상품이 어디에서 왔는지 상품의 이름과 ☐ 를 표시한 것입니다.

(   )

11종 공통

2 위 지도를 보고 알게 된 점으로 알맞은 것은 어느 것입니까? (   )

① 양말은 미국에서 왔다.
② 다른 나라에서 상품이 들어오지 않는다.
③ 지역 간에 문화 교류가 이루어지고 있다.
④ 우리 지역에서 온 상품의 수가 제일 많다.
⑤ 우리나라의 여러 지역에서 상품이 들어온다.

11종 공통

3 위 지도와 같이 우리 지역에 다양한 상품이 들어오는 까닭으로 알맞지 <u>않은</u> 것은 어느 것입니까? (   )

① 지역마다 기술이 같기 때문에
② 지역마다 자연환경이 다르기 때문에
③ 우리 지역에서 생산되지 않기 때문에
④ 다른 나라 상품의 품질이 좋기 때문에
⑤ 우리 지역에 부족한 상품이 있기 때문에

정답 5쪽

천재교육, 천재교과서, 교학사, 금성출판사, 김영사, 동아출판, 미래엔, 비상교과서, 비상교육, 지학사

4 오른쪽 사진과 관련하여 상품이 어디에서 왔는지를 확인하는 방법은 어느 것입니까? (   )

오스트레일리아산 소고기 대전

① 통계 자료 분석하기
② 상품 안내판 확인하기
③ 큐아르(QR) 코드 확인하기
④ 대형 할인점의 광고지 확인하기
⑤ 누리집에서 상품 정보 검색하기

11종 공통

5 다음 □ 안에 공통으로 들어갈 알맞은 말을 쓰시오.

- 우리 지역은 다른 지역과 □□□를 하며 경제적으로 밀접한 관계를 맺고 있습니다.
- 개인, 기업, 지역, 국가 등 다양한 □□□의 대상이 경제적 이익을 얻기 위해 상품, 기술, 정보 등을 주고받습니다.

(   )

미래엔

6 옛날에 주로 경제 교류를 했던 대상을 보기 에서 두 가지 찾아 기호를 쓰시오.

보기
㉠ 지역과 지역   ㉡ 국가와 국가
㉢ 개인과 기업   ㉣ 지역과 기업

(,   )

11종 공통

7 다양한 경제 교류 대상의 교류 모습으로 알맞은 것은 어느 것입니까? (   )

① 자매결연을 한 지역들 간에만 교류한다.
② 지역과 기업 간에 불공정한 경제 협약을 맺는다.
③ 기업이 개인의 아이디어를 허락 없이 가져온다.
④ 개인과 기업 간에 상품, 기술, 정보 등을 교류한다.
⑤ 우리 지역에 부족한 생산물을 다른 지역으로 보낸다.

천재교육, 천재교과서, 교학사, 금성출판사, 김영사, 미래엔, 비상교과서, 비상교육

8 지역의 대표 상품을 소개하거나 판매해 경제적 이익을 얻을 수 있는 방법을 찾아 기호를 쓰시오.

⬆ 직거래 장터

⬆ 기술 협력

(   )

📖 서술형·논술형 문제   11종 공통

9 지역 간에 경제 교류를 할 때의 좋은 점을 한 가지만 쓰시오.

_____

_____

11종 공통

10 경제 교류에 대한 설명으로 알맞은 것에 ○표를 하시오.

(1) 경제 교류로 우리 지역이 발전합니다. (   )
(2) 경제 교류로 생산자는 경제적 이익을 얻기 힘듭니다. (   )
(3) 경제 교류는 국가와 국가 사이에서만 이루어집니다. (   )

11종

검정 교과서

단원 평가

❷ 다양한 경제 교류와 조사 방법

핵심 정리

🌏 다양한 경제 교류

금성출판사, 아이스크림 미디어

물자 교류	기술 교류	문화·관광 교류
물건이나 재료를 교류함.	더 나은 기술을 개발함.	다양한 문화를 경험함.

🌏 경제 교류를 조사하는 다양한 방법

① 인터넷 검색을 통해 인터넷 쇼핑몰 살펴보기

방법	컴퓨터나 스마트폰을 이용해 인터넷 쇼핑몰에 들어가기
인터넷 쇼핑몰을 이용한 경제 교류의 장단점	빠른 시간 내에 상품의 정보를 살펴볼 수 있지만, 시간이 지나야 상품을 받을 수 있음.

② 시장을 방문하여 조사하기

방법	전통 시장, 대형 할인점, 직거래 장터, 도매 시장 등을 방문하기
시장을 이용한 경제 교류의 장단점	신선하고 질이 좋은 상품을 살 수 있지만, 상품을 직접 사러 가야 함.

③ 지역 누리집에서 찾기 예

비상교육

수원시   수원시 새소식<보도자료

수원시와 루마니아 클루지나포카시의 문화 교류

수원시는 우리나라의 전통 음식을 체험하는 '수원의 날' 행사를 루마니아 클루지나포카시에서 열고 앞으로 클루지나포카시와 다양한 분야에서 교류하기로 약속했다.

◁ 인터넷 ▷ 🔍100% ▷ ⋮⋮

조사 방법	지역 누리집을 이용한 조사
알게 된 점	지역 간에 문화와 함께 경제 교류를 하기도 함.

[1~2] 다음 신문 기사를 읽고, 물음에 답하시오.

○○ 신문

세종시는 전라남도 완도군의 대표 상품인 전복, 미역, 다시마 등 수산물을 파는 직거래 장터를 마련했다. 완도군도 세종시의 배와 복숭아 등 우수 농산물의 판매를 도우며 세종시와 함께 살아가기 위한 노력을 하고 있다.

천재교과서, 금성출판사, 아이스크림 미디어, 지학사

1 위 사례에 나타난 경제 교류의 종류는 어느 것입니까? (   )

① 물자 교류   ② 기술 교류
③ 교육 교류   ④ 문학 교류
⑤ 관광 교류

11종 공통

2 위 신문 기사를 읽고 알게 된 점은 어느 것입니까?
(   )

① 교류 대상은 국가와 지역이다.
② 완도군만 경제적 이익을 얻는다.
③ 세종시와 완도군은 갈등을 겪고 있다.
④ 기술 분야의 교류가 활발히 이루어지고 있다.
⑤ 완도군은 직거래 장터에서 완도군의 대표 상품을 팔았다.

천재교육, 천재교과서, 금성출판사, 김영사, 미래엔,
비상교과서, 비상교육, 아이스크림 미디어, 지학사

3 지역마다 문화가 달라서 교류하는 모습에 ○표를 하시오.

(1)   (2)

🔺 지역을 대표하는   🔺 지역을 대표하는
생산물을 교류함.   음악을 교류함.

(   )   (   )

천재교육, 금성출판사, 김영사, 미래엔, 비상교과서, 비상교육

4 인터넷 쇼핑몰을 이용할 때의 단점으로 알맞은 것을 두 가지 고르시오. (,   )

① 상품을 직접 사러 가야 한다.
② 상품을 직접 확인하기 어렵다.
③ 우리 지역의 상품만 살 수 있다.
④ 시간이 지나서야 상품을 받을 수 있다.
⑤ 빠른 시간 내에 상품의 정보를 살펴보기 어렵다.

천재교육, 금성출판사, 김영사, 미래엔, 비상교과서, 비상교육

5 다음에서 설명하는 경제 교류 방법을 찾아 기호를 쓰시오.

> 신선하고 질 좋은 상품을 직접 확인하고 살 수 있지만, 상품을 직접 사러 가야 합니다.

△ 대형 할인점에서 사기   △ 홈 쇼핑에서 사기

(   )

천재교육, 천재교과서, 교학사, 금성출판사, 미래엔, 비상교과서, 비상교육, 아이스크림 미디어, 지학사

6 경제 교류를 조사하고 알게 된 점을 바르게 말한 어린이를 쓰시오.

> 지영: 경제 교류는 인터넷에서만 조사할 수 있어.
> 호수: 시장에서 다른 지역의 상품을 찾기는 어려워.
> 대진: 지역 누리집에서 우리 지역과 문화 교류를 한 지역을 알 수 있어.

(   )

[7~8] 다음 수원시 누리집을 보고, 물음에 답하시오.

> 수원시는 우리나라의 전통 음식을 체험하는 '수원의 날' 행사를 루마니아 클루지나포카시에서 열고 앞으로 클루지나포카시와 다양한 분야에서 교류하기로 약속했다.
>
> | ◉ 인터넷 | 🔍 100% |

천재교육, 천재교과서, 금성출판사, 김영사, 미래엔, 비상교육, 아이스크림 미디어, 지학사

7 위 누리집에 나타난 경제 교류의 종류는 어느 것입니까? (   )

① 의료 교류   ② 문화 교류   ③ 기술 교류
④ 자원 교류   ⑤ 역사 교류

🖥 서술형·논술형 문제

천재교육, 천재교과서, 금성출판사, 김영사, 미래엔, 비상교육, 아이스크림 미디어, 지학사

8 위 **7**번 답의 경제 교류로 수원시와 루마니아 클루지나포카시가 얻는 경제적 이익을 한 가지만 쓰시오.

_____

_____

천재교과서, 교학사, 금성출판사, 김영사, 미래엔, 비상교과서, 비상교육, 아이스크림 미디어

9 다양한 경제 교류에 대한 설명으로 알맞은 것에 ○표를 하시오.

(1) 옛날에는 오늘날보다 경제 교류의 종류가 더 다양했습니다. (   )

(2) 경제 교류는 다양한 문화 활동과 함께 이루어지기도 합니다. (   )

미래엔

10 우리 지역의 대표 상품을 널리 알릴 때의 좋은 점으로 알맞지 <u>않은</u> 것은 어느 것입니까? (   )

① 우리 지역에 대해 알리게 된다.
② 우리 지역의 경제활동이 활발해진다.
③ 우리 지역의 경제적 이익이 늘어난다.
④ 우리 지역을 찾는 사람들의 수가 늘어난다.
⑤ 다른 지역과의 경제 교류가 줄어들게 된다.

사회

핵심 정리

🌰 사회 변화

① 의미: 한 사회의 여러 분야에서 이미 있어 온 것들이 새롭게 바뀌고 사람들의 생활 모습이 달라지는 것입니다.

② 발생한 까닭: 인구 변화, 과학과 기술의 발달, 다른 나라와의 교류, 제도 변화, 사람들의 생각 변화 등에 따라 발생합니다.

③ 모습

인구의 변화	과학과 기술의 발달
 출생아 수가 줄어듦.	 [출처: 연합뉴스] 생활이 편리해짐.

다른 나라와의 교류	
 [출처: 뉴스뱅크] 기술과 정보를 교류함.	 다른 나라의 음식을 접함.

🌰 오늘날과 옛날의 학교

미래엔

	옛날	오늘날
등교 시간	오전반과 오후반이 있어서 등교 시간이 다른 친구들이 있음.	오전에 등교하며, 학교 앞에 등교를 도와주는 사람들이 있음.
수업 시간	칠판과 책을 사용하여 선생님이 수업함.	다양한 디지털 기기를 사용하여 수업함.
점심 시간	도시락을 싸 와서 먹음.	다양한 메뉴를 급식으로 먹음.
하교 후	동네에서 많은 친구들이 모여 어울림.	학원에 가거나 휴대 전화로 친구들과 연락함.

❶ 사회 변화로 달라진 모습

11종 공통

1 다음 설명을 모두 포함하는 말은 어느 것입니까?
( )

> 한 사회의 여러 분야에서 이미 있어 온 것들이 새롭게 바뀌고 사람들이 생활 모습이 달라지는 것입니다.

① 경제 발전　　　　② 사회 변화
③ 문화 발달　　　　④ 경제 교류
⑤ 교통 발달

11종 공통

2 사회 변화가 발생하는 까닭을 바르게 말한 어린이를 쓰시오.

> 은서: 다른 나라와 교류를 하지 않기 때문이에요.
> 하린: 교통과 통신수단이 예전보다 발달했기 때문이에요.
> 지헌: 사람들의 생각은 옛날과 달라진 점이 없기 때문이에요.

( )

11종 공통

3 다음 사진과 같이 과학 기술이 발달했을 때 발생하는 일은 어느 것입니까? ( )

① 생활이 편리해진다.
② 정보를 얻기 어려워진다.
③ 출생아 수가 줄어들게 된다.
④ 노인의 수가 줄어들게 된다.
⑤ 다른 나라와 교류를 할 수 없게 된다.

4 인구의 변화와 관련 있는 사회 변화 모습은 어느 것입니까? (　　　)

① 출생아 수가 줄어들고 있다.
② 휴대 전화로 다양한 일을 할 수 있다.
③ 다른 나라의 물건을 쉽게 살 수 있다.
④ 버스가 오는 시간을 실시간으로 알 수 있다.
⑤ 멀리 있는 사람과 얼굴을 보며 대화할 수 있다.

5 다음 사진에 공통으로 나타난 사회 변화는 어느 것입니까? (　　　)

△ 해외 기업 박람회　　△ 베트남 쌀국수를 파는 가게

① 농업의 발달
② 전통문화의 발달
③ 외국인 수의 감소
④ 인터넷 사용의 감소
⑤ 다른 나라와의 교류 증가

서술형·논술형 문제
천재교과서, 동아출판
6 다음은 다양한 직업의 모습입니다.

△ 전화 교환원　　△ 버스 안내원

(1) 위 두 사진의 공통점은 (사라진 직업 / 새로 생긴 직업)이라는 점입니다.

(2) 위 (1)번 답과 같은 직업의 변화가 일어난 까닭을 쓰시오.

_____

7 사회 변화의 영향을 바르게 말하지 <u>않은</u> 어린이를 쓰시오.

> 지나: 사회 변화는 어린이의 일상생활에는 영향을 주지 않아요.
> 윤오: 사회 변화로 사라진 직업도 있고 새로 생긴 직업도 있어요.
> 현민: 사회 변화로 부모님이 다녔던 학교의 모습과 내가 다니는 학교의 모습이 달라졌어요.

(　　　)

금성출판사, 미래엔
8 두 어린이 중 오늘날의 초등학교에 다니고 있는 어린이를 찾아 쓰시오.

 나는 오전에 등교하는데, 옆집 친구는 오후에 등교한대요.
혜윤

오늘 급식 메뉴는 스파게티라서 맛있게 먹었어요.
준서

(　　　)

9 옛날과 오늘날 학교의 같은 점을 두 가지 고르시오. (　　,　　)

① 학급 수
② 학생 수
③ 선생님이 수업을 하는 것
④ 교실에 책상과 의자가 있는 것
⑤ 수업할 때 디지털 기기를 활용하는 것

10 옛날과 오늘날의 교실 모습이 달라진 까닭으로 알맞은 것에 ○표를 하시오.

(1) 정보 통신 기술이 발전했기 때문입니다.
(　　　)

(2) 최근에 아이가 많이 태어났기 때문입니다.
(　　　)

11종 검정 교과서 단원 평가

핵심 정리

🦕 저출산·고령화의 의미와 원인

천재교과서, 동아출판, 미래엔, 비상교육, 아이스크림 미디어, 지학사

	저출산	고령화
의미	태어나는 아이의 수가 줄어드는 현상	전체 인구에서 노인 인구가 차지하는 정도가 증가하는 현상
원인	결혼과 출산에 관한 생각의 변화, 여성의 사회 참여 증가 등	높아진 생활 수준, 의학 기술의 발달 등

🦕 저출산·고령화가 나타나는 그래프

천재교과서

① 출생아 수 변화

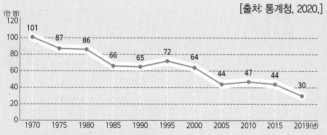

[출처: 통계청, 2020.]

② 65세 이상 노인 인구 변화

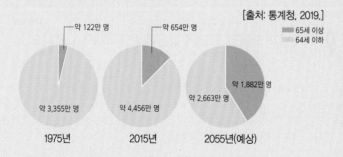

[출처: 통계청, 2019.]

🦕 저출산·고령화로 나타나는 현상과 대응 방안

현상		대응 방안
초등학생 수, 가족 구성원의 수 등이 줄어듦.	저출산	걱정 없이 아이를 키울 수 있는 제도를 마련함.
• 노인을 위한 시설이 늘어남. • 일자리를 찾는 노인이 늘어남.	고령화	• 노인 복지 제도를 마련함. • 노인에게 적절한 일자리를 제공함.

❷ 저출산·고령화

11종 공통

1 오늘날 줄어들고 있는 인구를 **보기**에서 찾아 기호를 쓰시오.

> **보기**
> ㉠ 65세 이상 인구   ㉡ 14세 이하 인구

(   )

천재교과서, 동아출판, 미래엔, 비상교육, 아이스크림 미디어, 지학사

2 고령화의 원인으로 알맞은 것을 두 가지 고르시오.

(,   )

① 의학 기술의 발달
② 높아진 생활 수준
③ 귀농 인구의 증가
④ 여성의 사회 참여 감소
⑤ 세계 여러 나라와의 교류 감소

천재교과서, 동아출판, 비상교육, 아이스크림 미디어

3 저출산 현상이 일어난 까닭으로 알맞은 것에 ○표를 하시오.

(1) 결혼을 꼭 해야 한다고 생각하기 때문입니다.

(   )

(2) 출산과 자녀 양육에 대해 부담을 느끼는 사람들이 많아졌기 때문입니다.   (   )

천재교과서

4 다음 그래프의 제목으로 알맞은 것은 어느 것입니까?

(   )

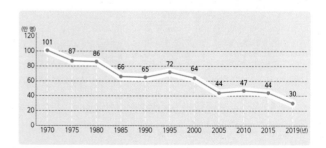

① 출생아 수 변화
② 노인 인구 변화
③ 외국인 수 변화
④ 65세 이상 인구 변화
⑤ 14세 이상 인구 변화

천재교과서

🗐 서술형·논술형 문제

5 다음은 1975년과 2015년의 65세 이상 노인 인구 그래 프입니다.

약 122만 명   약 654만 명

■ 65세 이상
□ 64세 이하

ㄱ   ㄴ

약 3,355만 명   약 4,456만 명

(1) 위에서 1975년의 그래프를 찾아 기호를 쓰시오.

(   )

(2) 위 그래프를 보고 2055년의 그래프는 어떠할지 예상하여 쓰시오.

_____

_____

천재교과서, 교학사, 미래엔, 비상교과서

6 다음에서 설명하는 시기에 볼 수 있었던 가족계획 포스터를 찾아 ○표를 하시오.

예전에는 집마다 아이를 많이 낳아 인구가 빠른 속도로 늘어났기 때문에 나라에서 아이를 적게 낳도록 권했습니다.

(1)   (2)   (3)

(   )   (   )   (   )

11종 공통

7 저출산으로 인해 줄어들고 있는 것을 두 가지 고르시오. (,   )

① 일하는 노인   ② 노인 전문 시설
③ 초등학교 입학생   ④ 폐교하는 초등학교
⑤ 출산을 도와주는 병원

11종 공통

8 다음은 오늘날 사회 변화를 나타낸 신문 기사입니다. ▢ 안에 공통으로 들어갈 알맞은 말은 어느 것입니까? (   )

활동하는 ▢▢들

○○ 씨는 직장에서 은퇴한 후, 한 음식점에서 17년간 일을 하고 있다. △△ 씨는 어린이집에서 동화를 읽어 주는 봉사 활동을 한다.

▢▢을/를 대상으로 하는 산업이 뜬다.

한 박람회에서 돌봄 로봇이 눈길을 끌었다. 이 로봇은 ▢▢들의 식사 시간이나 약 먹을 시간 등을 알람으로 알려 준다.

① 남성   ② 노인
③ 어린이   ④ 청소년
⑤ 외국인

11종 공통

9 저출산에 대응하기 위한 방법으로 알맞지 <u>않은</u> 것은 어느 것입니까? (   )

① 돌봄 기관을 늘린다.
② 출산 휴가를 지원한다.
③ 육아 휴직을 지원한다.
④ 기초 연금을 지급한다.
⑤ 아동 수당을 지급한다.

11종 공통

10 고령화에 대응하기 위한 방법을 바르게 말한 어린이를 쓰시오.

세준: 젊은 세대는 노인들의 입장을 이해하고 소통하도록 노력해야 해요.
찬율: 노인들이 사회 참여를 하지 않고 집에서 편하게 쉴 수 있도록 도와야 해요.
고운: 출산 장려금을 주고, 다자녀 가정에 혜택을 주는 등 경제적인 지원을 해야 해요.

(   )

핵심 정리

🌰 정보화

① 의미: 지식과 정보가 사회의 중요한 자원이 되는 현상

② 달라진 일상생활 예 나의 하루 <small>비상교과서, 비상교육</small>

> 오전 8시 등교하기 전에 휴대 전화로 날씨를 확인함. ➡ 오전 10시 디지털 교과서로 수업을 함. ➡ 오후 1시 읽고 싶은 책을 미리 검색하여 도서관에서 빌림. ➡ 오후 3시 전학을 간 친구와 영상 통화를 함. ➡ 오후 5시 학교 알리미 누리집에서 과제를 확인하고, 과제에 필요한 자료를 인터넷에서 찾음.

③ 문제점과 해결 방안

문제점	• 사이버 폭력 • 저작권 침해 • 개인 정보 유출 • 인터넷 및 스마트폰 중독
해결 방안	• 개인은 개인 정보가 유출되지 않게 관리하고, 사이버 공간에서 예절을 지킴. • 사회는 관련 법과 제도를 보완하고, 휴대 전화의 의존 정도를 진단할 수 있는 스마트 쉼 센터 등을 만듦.

🌰 세계화

① 의미: 세계 여러 나라가 사람, 상품, 서비스, 문화 등의 다양한 분야에서 서로 교류하고 영향을 주고받는 것

② 긍정적 영향과 부정적 영향

긍정적 영향	• 다양한 문화를 접할 수 있음. • 다른 나라에서 만든 물건을 쉽게 살 수 있음. • 세계 여러 나라가 함께 지구촌 문제를 해결할 수 있음.
부정적 영향	• 서로의 문화를 이해하지 못해 갈등이 생김. • 전통문화가 사라지고 여러 문화가 비슷해짐.

③ 해결 방안: 세계 시민 모두가 공동체 의식을 지니고 문제를 해결하려고 노력해야 합니다.

❸ 정보화와 세계화

<small>11종 공통</small>

1 다음과 같은 일상생활을 할 수 있게 된 것과 가장 관련 있는 사회 변화는 어느 것입니까? (   )

> 오늘 과제가 무엇인지 학교 알리미 누리집에서 확인을 하고, 과제를 하기 위해 인터넷으로 자료를 찾아보았어요.

① 세계화 ② 정보화
③ 공업화 ④ 농업화
⑤ 도시화

<small>11종 공통</small>

2 정보화의 영향을 바르게 말한 어린이를 쓰시오.

> 민재: 예전보다 생활이 많이 불편해졌어요.
> 찬우: 지식을 활용하여 새로운 자료를 만들기 쉬워졌어요.
> 운서: 정보와 지식보다 땅이나 농산물이 더 중요한 자원이 되었어요.

(   )

📦 서술형·논술형 문제
<small>11종 공통</small>

3 다음은 두 사람의 일상생활 모습입니다.

> ㉠ 새로운 정보는 텔레비전에서만 얻을 수 있어요.
> ㉡ 언제든지 오늘의 날씨를 확인해요.

(1) 위에서 정보화 사회에 살고 있는 사람을 찾아 기호를 쓰시오.

(   )

(2) 위 사례를 통해 알 수 있는 정보화 사회의 특징을 한 가지만 쓰시오.

_____

_____

4 정보화의 문제점으로 알맞지 <u>않은</u> 것은 어느 것입니까? (   )
11종 공통

① 환경 오염
② 저작권 침해
③ 사이버 폭력
④ 스마트폰 중독
⑤ 개인 정보 유출

천재교과서, 김영사, 비상교과서

5 다음 그림과 관련 있는 정보화의 문제점은 어느 것입니까? (   )

① 사이버 범죄가 심각해지고 있다.
② 개인 정보가 유출되는 경우가 있다.
③ 정보 기기를 다루지 못하는 사람들이 있다.
④ 휴대 전화를 지나치게 많이 사용하고 있다.
⑤ 창작물을 불법으로 사용하는 사람들이 있다.

천재교과서, 동아출판, 아이스크림 미디어

6 휴대 전화의 의존 정도를 진단하기 위해 만든 것을 보기 에서 찾아 기호를 쓰시오.

> **보기**
> ㉠ 스마트 쉼 센터
> ㉡ 국가인권위원회
> ㉢ 무지개 청소년 센터

(   )

11종 공통

7 세계화에 대한 설명으로 알맞은 것에 ○표를 하시오.

(1) 교통과 통신수단이 발달하여 세계화의 모습이 나타났습니다. (   )

(2) 세계화로 세계 여러 나라의 교류가 점점 더 줄어들고 있습니다. (   )

11종 공통

8 세계화로 인해 볼 수 있는 현상을 찾아 기호를 쓰시오.

㉠ 실시간으로 교통 정보를 확인함.
㉡ 다른 나라에 오고 가는 사람들이 많음.
㉢ 스마트폰 애플리케이션으로 음식값을 냄.

(   )

11종 공통

9 다음 그림과 관련 있는 세계화의 문제점을 말한 어린이를 쓰시오.

> 세현: 여러 나라의 문화가 비슷해지고 있어요.
> 정우: 서로의 문화를 이해하지 못하고 있어요.
> 한영: 우리의 전통문화만 좋다고 생각하는 사람들이 많아지고 있어요.

(   )

11종 공통

10 세계화 시대에 지녀야 할 태도로 알맞지 <u>않은</u> 것을 보기 에서 찾아 기호를 쓰시오.

> **보기**
> ㉠ 세계가 함께 협력하는 태도
> ㉡ 전통문화를 발전시키려는 태도
> ㉢ 우리 기업의 경쟁력을 높이려는 태도
> ㉣ 다른 문화에 대해 알아보지 않는 태도

(   )

11종
검정 교과서

단원평가

핵심 정리

🍙 문화의 의미와 특징

의미	의식주, 언어, 종교 등 한 사회의 구성원들이 가지고 있는 공통의 생활 방식
특징	사람들이 사는 환경과 사는 방식 등이 다르기 때문에 사는 지역, 나이, 성별 등에 따라 다양하게 나타남.

🍙 다양해지는 우리 사회의 문화

천재교육, 비상교과서

까닭	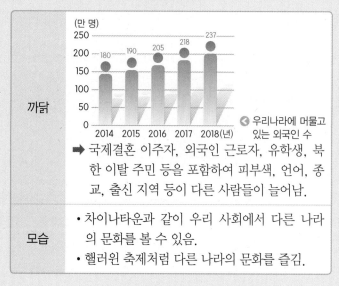(만 명) 250 237, 218, 205, 190, 180 2014 2015 2016 2017 2018(년) ◀ 우리나라에 머물고 있는 외국인 수 ➡ 국제결혼 이주자, 외국인 근로자, 유학생, 북한 이탈 주민 등을 포함하여 피부색, 언어, 종교, 출신 지역 등이 다른 사람들이 늘어남.
모습	• 차이나타운과 같이 우리 사회에서 다른 나라의 문화를 볼 수 있음. • 핼러윈 축제처럼 다른 나라의 문화를 즐김.

🍙 다양한 문화에 대한 편견과 차별

편견	공정하지 못하고 한쪽으로 치우친 생각
차별	대상을 정당한 이유 없이 구별하고 다르게 대우하는 것으로, 편견 때문에 차별이 나타남.

🍙 다양한 문화에 대한 편견이나 차별적 태도 점검하기

① 나의 언어 습관을 생각해 봅니다.
② 피부색이나 언어, 종교, 출신 지역이 다른 사람을 만났을 때 어떤 생각을 했는지 생각해 봅니다.

---

❶ 다양한 문화에 대한 편견과 차별

[1~2] 다음 사진을 보고, 물음에 답하시오.

 ㉠  ㉡

11종 공통

1 위 사진에 대한 설명으로 알맞은 것은 어느 것입니까? (   )

① ㉠, ㉡ 모두 문화와 관련 없는 모습이다.
② ㉡ 사람들은 밥과 국, 반찬을 먹고 있다.
④ ㉠ 사람들은 포크와 나이프를 사용하고 있다.
③ ㉡ 사람들만 도구를 사용하여 음식을 먹는다.
⑤ ㉠, ㉡은 모두 음식을 먹고 있지만 다른 점도 있다.

천재교육, 천재교과서, 동아출판, 비상교과서, 아이스크림 미디어

2 위 사진과 관련하여 ☐ 안에 들어갈 알맞은 말을 **보기**에서 찾아 ○표를 하시오.

> ㉠ 사람들과 ㉡ 사람들의 음식을 먹는 방법이 다른 까닭은 ☐☐☐이/가 다르기 때문입니다.

보기
• 언어   • 인구   • 외모   • 환경

천재교육, 아이스크림 미디어

3 다음 그래프를 보고 알 수 있는 것은 어느 것입니까?
(   )

(만 명) 250 237, 218, 205, 190, 180 2014 2015 2016 2017 2018(년) ◀ 우리나라에 머물고 있는 외국인 수

① 우리나라에 머무는 외국인 수가 늘고 있다.
② 우리 사회에서 다양한 문화를 접할 수 없다.
③ 우리나라로 유학을 온 학생 수는 감소하고 있다.
④ 국제결혼 이주자는 외국인 수에 포함되지 않는다.
⑤ 우리나라에서 외국으로 가는 근로자는 외국인 수에 포함된다.

비상교과서

4 우리 사회에서 다른 나라의 문화가 나타나는 모습에 ○표를 하시오.

(1)
🔺 차이나타운
(   )

(2)
🔺 제주도
(   )

11종 공통

5 다양한 문화가 우리 사회로 들어오면서 나타난 변화에 ○표를 하시오.

(1) 우리의 일상생활이 풍요로워졌습니다. (   )

(2) 우리가 누리고 선택할 수 있는 문화가 줄어들었습니다.   (   )

[6~7] 다음 일기를 읽고, 물음에 답하시오.

○○월 ○○일 ○요일	날씨: 맑음 ☀

오늘 우리 반에 외국인 친구가 전학을 왔다. 그 친구는 이슬람교를 믿기 때문에 허잡을 쓰는데 나한테는 조금 답답하게 느껴졌다. 그래서 나는 그 친구를 멀리했다.

11종 공통

6 위 일기에 대한 반성할 점을 적은 것입니다. ☐ 안에 들어갈 알맞은 말을 쓰시오.

나는 공정하지 못하고 한쪽으로 치우친 생각인 ☐ 을 가지고 친구를 정당한 이유 없이 차별했다.

(   )

천재교육, 천재교과서, 교학사, 금성출판사, 김영사, 미래엔, 비상교과서, 비상교육, 아이스크림 미디어, 지학사

7 위 일기는 무엇에 대한 차별이 나타나 있습니까?
(   )

① 성별   ② 나이   ③ 장애

④ 종교   ⑤ 피부색

11종 공통

8 다양한 문화에 대한 편견을 갖고 있지 <u>않은</u> 어린이를 쓰시오.

선아: 다양한 종교를 존중하고 있어.
영민: 가난한 나라에 사는 사람들은 게을러.
진혁: 영어를 쓰는 사람들이 더 똑똑해 보여.
지우: 피부색이 밝은 사람이 어두운 사람보다 좋아.

(   )

[9~10] 다음 그림을 보고, 물음에 답하시오.

천재교육, 천재교과서, 교학사, 금성출판사, 김영사, 미래엔, 비상교과서, 지학사

9 위 그림에 대한 설명으로 알맞은 것은 어느 것입니까? (   )

① ㉠은 외모에 대한 차별이다.

② ㉡은 성별에 대한 차별이다.

③ ㉠ 면접관은 나이가 많은 직원을 원하고 있다.

④ ㉠과 ㉡에서 일할 사람을 뽑을 때 일과 관련한 기준을 적용했다.

⑤ ㉠과 ㉡의 차별로 나이나 외모 때문에 원하는 일을 하지 못하는 경우가 생길 수 있다.

📋 서술형·논술형 문제   11종 공통

10 다양한 문화에 대한 편견이나 차별적 태도를 점검하기 위해 해야 할 일을 쓰시오.

_____

_____

사 회

❷ 편견과 차별의 해결 방법

핵심 정리

동아출판, 미래엔, 비상교과서, 지학사

🍡 편견과 차별의 문제를 해결해야 하는 까닭

편견과 차별이 지속될 때	편견과 차별을 없애기 위해 꾸준히 노력할 때
• 차별받는 사람은 기분이 나쁘고, 일상생활에 어려움을 느낌. • 사회적 갈등이 나타나고 사회의 발전이 늦어짐.	• 누구든지 자신이 지닌 문화를 자유롭게 누리며 살아갈 수 있음. • 모든 사람이 더불어 살아가는 사회가 됨.

🍡 학급에서 일어나는 편견과 차별을 해결하기 위한 약속 정하기

남자가 분홍색을 좋아한다고 놀림받은 적이 있어.

개인의 취향을 존중하자.

생김새로 놀리는 애가 있어.

나와 다른 사람들의 특징을 가지고 놀리지 말자.

🍡 편견과 차별을 해결하기 위한 개인적인 노력
① 서로 다른 문화를 존중합니다.
② 상대방의 입장에서 생각합니다.
③ 편견 없이 서로 다른 문화의 가치를 올바르게 이해합니다.

🍡 편견과 차별을 해결하기 위한 사회·제도적인 노력

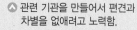

🔺 관련 기관을 만들어서 편견과 차별을 없애려고 노력함.

🔺 다양한 문화를 가진 사람들이 직업을 구할 수 있도록 다양한 정보를 제공함.

[1~3] 다음 수진이의 일기를 읽고, 물음에 답하시오.

4학년이 되어 어릴 때 친했던 짝꿍과 함께 집에 가는데, 지나가던 사람들이 짝꿍에게 질문을 했다. "너는 어느 나라에서 왔니?", "한국말 잘하니?" 사람들의 예의 없는 질문 때문에 친구의 표정이 어두워졌다.

11종 공통

1 사람들이 친구에게 밑줄 친 질문을 한 까닭을 두 가지 고르시오. (,   )
① 장애가 있기 때문에
② 피부색이 다르기 때문에
③ 나이가 많아 보이기 때문에
④ 외국인이라고 생각했기 때문에
⑤ 종교 때문에 옷차림이 다르기 때문에

🖊 서술형·논술형 문제   11종 공통

2 위 일기에서 사람들의 질문을 듣고 친구의 표정이 어두워진 까닭을 예상하여 쓰시오.

_____

_____

11종 공통

3 위 일기에 나타난 편견과 차별을 해결하는 방법으로 알맞지 않은 것은 어느 것입니까? (   )
① 상대방의 입장에서 생각한다.
② 편견 없이 다른 사람을 이해한다.
③ 다른 사람과 나의 다른 점을 인정한다.
④ 사람들의 생각을 바꾸기 위해 캠페인을 한다.
⑤ 외모가 다르면 다른 문화를 가진 사람이라고 생각한다.

정답 8쪽

[4~6] 다음 편견과 차별의 사례를 읽고, 물음에 답하시오.

> 다누앙 씨는 외국인 근로자로 회사에서 성실히 일합니다. 그런데 사장님은 다누앙 씨가 외국인 근로자라는 이유로 월급을 다른 직원보다 적게 주었습니다.

11종 공통

4 위 사례의 편견과 차별이 계속될 경우 일어날 수 있는 일을 보기에서 찾아 기호를 쓰시오.

> **보기**
> ㉠ 사회 분위기가 좋아집니다.
> ㉡ 오해 없이 서로의 문화를 이해하게 됩니다.
> ㉢ 차별을 받는 사람은 기분이 나쁘고, 일상생활에 어려움을 느낍니다.

( )

천재교육, 천재교과서, 금성출판사, 김영사, 동아출판, 미래엔, 비상교과서, 비상교육, 아이스크림 미디어, 지학사

5 위 사례의 편견과 차별을 없애기 위한 노력으로 알맞은 것에 ○표를 하시오.

(1)

🔺 관련 기관을 만들어서 편견과 차별을 없애려고 노력함.

( )

(2)

🔺 기존에 볼 수 없었던 종교 시설을 세움.

( )

천재교육, 천재교과서, 교학사, 동아출판, 미래엔, 비상교과서, 아이스크림 미디어, 지학사

📢 서술형·논술형 문제

6 위 5번 답과 같이 노력할 때 변화될 사회의 모습을 쓰시오.

_____

_____

천재교육, 천재교과서, 교학사, 금성출판사, 김영사, 동아출판, 미래엔, 비상교과서, 비상교육

7 다음과 같이 편견과 차별을 바꾸기 위한 우리 반의 약속을 만들었습니다. ( ) 안의 알맞은 말에 각각 ○표를 하시오.

(말풍선) 축구나 농구, 야구를 할 때 남자 친구들만 했어.

(말풍선) 남자가 분홍색을 좋아한다고 놀림받은 적이 있었어.

> **우리 반의 약속**
> (1) (나이 / 성별)에 대한 차별을 하지 않습니다.
> (2) 개인의 취향을 (무시 / 존중)합니다.

11종 공통

8 다음 어린이가 겪는 편견이나 차별을 해결하기 위해 만들 수 있는 학급의 약속은 어느 것입니까? ( )

(말풍선) 저는 종교 때문에 돼지고기를 안 먹는데, 먹으라고 강요하는 친구들이 있어요.

① 성별에 따른 차별을 하지 않는다.
② 친구의 생김새를 있는 그대로 존중한다.
③ 나와 다른 문화를 가진 친구를 존중한다.
④ 학급 일을 하고 싶은 친구들을 참여하게 한다.
⑤ 장애가 있는 친구가 도움을 요청할 때 돕는다.

김영사, 미래엔

9 우리 학급에 전학 온 외국인 친구를 바르게 대한 어린이를 쓰시오.

> 민우: 나와 다른 모습의 친구를 놀렸어요.
> 진서: 어려움이 없는지 물어보고 배려해 줬어요.
> 소민: 친구에 대해 잘 모르기 때문에 모른 척했어요.

( )

11종 공통

10 다양한 문화를 존중하는 태도를 가진 어린이를 쓰시오.

> 영지: 전통문화만 있는 사회가 다양한 문화가
> 있는 사회보다 좋아.
> 민우: 다양한 문화를 가진 친구들과 사귀며 서
> 로를 이해할 수 있어.
> 빈우: 가난한 나라의 문화와 부유한 나라의 문
> 화를 다르게 대해야 해.

( )

11종 공통

11 편견과 차별을 없애기 위한 노력으로 알맞은 것에 ○표를 하시오.

(1) 다른 문화의 사람들과 함께 살아가기 위해 차이를 존중합니다. ( )

(2) 편견과 차별을 없애기 위해 법을 만드는 일은 개인적인 노력입니다. ( )

천재교육, 금성출판사

12 다음 글을 읽고, 김△△ 씨에게 필요한 사회·제도적인 노력에 ○표를 하시오.

> 북한에서 온 김△△ 씨는 한국 생활에 적응
> 하기 위해 일자리를 구하고 있습니다. 그런데
> 어디에서 정보를 구해야 할지 막막하기만 합
> 니다.

▲ 다양한 문화를 가진 사람들을 위한 취업 박람회를 마련함.

▲ 다양한 문화의 가치를 알리는 행사를 마련함.

( ) ( )

11종 공통

13 편견과 차별을 없애기 위한 노력이 담긴 신문 기사의 제목이 <u>아닌</u> 것은 어느 것입니까? ( )

① 외국인 근로자 인권 보호를 위해 노력해야

② 장애인 권리 보장을 위한 제도 만들어야

③ 나의 개인 정보를 지켜라

④ 피부색과 문화가 다른 외국인 차별 말아야

천재교육, 교학사, 미래엔, 아이스크림 미디어

14 다음 영지의 어머니를 도울 사회·제도적인 노력으로 알맞은 것은 어느 것입니까? ( )

> 다른 나라에서 온 영지의 어머니는 한국말이
> 서툽니다. 그래서 영지의 어머니는 1학년인 영
> 지가 학교에서 가져오는 가정 통신문을 이해
> 하기 어렵습니다.

① 상대방의 입장에서 생각한다.
② 다른 문화의 가치를 이해한다.
③ 다른 문화를 편견 없이 바라본다.
④ 서로 다른 문화를 존중하는 태도를 가진다.
⑤ 다양한 문화를 가진 사람들에게 한국어 교육을 제공한다.

천재교육, 천재교과서, 금성출판사, 김영사, 동아출판, 비상교과서, 비상교육

15 편견과 차별이 없는 세상을 만들기 위해 만든 기관으로 알맞은 것을 보기 에서 찾아 기호를 쓰시오.

> **보기**
> ㉠ 문화재청
> ㉡ 국토정보플랫폼
> ㉢ 국가인권위원회

( )

어느 교과서를 배우더라도

꼭 알아야 하는 **개념**과 **기본 문제** 구성으로

다양한 학교 평가에 완벽 대비할 수 있어요!

7종 검정 교과서 단원 평가 자료집

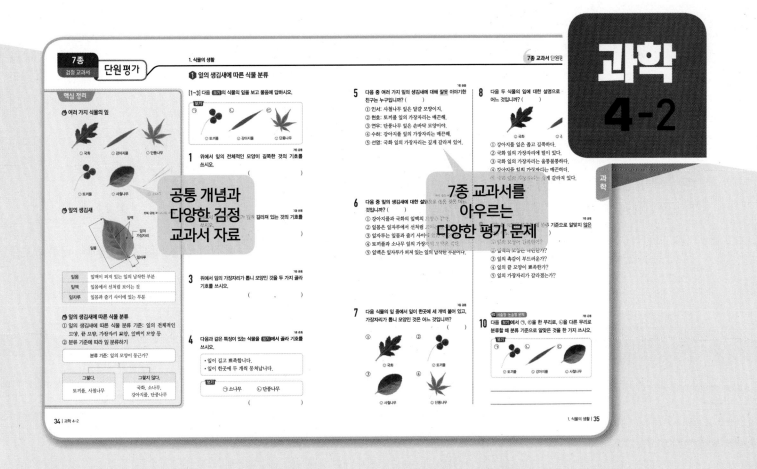

과학 4-2

공통 개념과
다양한 검정
교과서 자료

7종 교과서를
아우르는
다양한 평가 문제

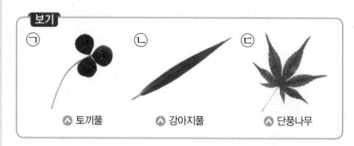

7종
검정 교과서 **단원 평가**

핵심 정리

🟤 **여러 가지 식물의 잎**

△ 국화   △ 강아지풀   △ 단풍나무

△ 토끼풀   △ 사철나무   △ 소나무

🟤 **잎의 생김새**

천재, 금성, 아이스크림, 지학사

잎몸	잎맥이 퍼져 있는 잎의 납작한 부분
잎맥	잎몸에서 선처럼 보이는 것
잎자루	잎몸과 줄기 사이에 있는 부분

🟤 **잎의 생김새에 따른 식물 분류**

① 잎의 생김새에 따른 식물 분류 기준: 잎의 전체적인 모양, 끝 모양, 가장자리 모양, 잎맥의 모양 등

② 분류 기준에 따라 잎 분류하기

분류 기준: 잎의 모양이 둥근가?

그렇다.	그렇지 않다.
토끼풀, 사철나무	국화, 소나무, 강아지풀, 단풍나무

1️⃣ 잎의 생김새에 따른 식물 분류

[1~3] 다음 **보기** 의 식물의 잎을 보고 물음에 답하시오.

보기

ㄱ △ 토끼풀   ㄴ △ 강아지풀   ㄷ △ 단풍나무

1 위에서 잎의 전체적인 모양이 길쭉한 것의 기호를 쓰시오.

(   )

7종 공통

2 위에서 잎의 가장자리가 깊게 갈라져 있는 것의 기호를 쓰시오.

(   )

7종 공통

3 위에서 잎의 가장자리가 톱니 모양인 것을 두 가지 골라 기호를 쓰시오.

(,   )

7종 공통

4 다음과 같은 특징이 있는 식물을 **보기** 에서 골라 기호를 쓰시오.

- 잎이 길고 뾰족합니다.
- 잎이 한곳에 두 개씩 뭉쳐납니다.

보기

ㄱ 소나무   ㄴ 단풍나무

(   )

7종 공통

5 다음 중 여러 가지 잎의 생김새에 대해 잘못 이야기한 친구는 누구입니까? (   )

① 인서: 사철나무 잎은 달걀 모양이지.

② 현호: 토끼풀 잎의 가장자리는 매끈해.

③ 연우: 단풍나무 잎은 손바닥 모양이야.

④ 수하: 강아지풀 잎의 가장자리는 매끈해.

⑤ 선영: 국화 잎의 가장자리는 깊게 갈라져 있어.

천재, 금성, 아이스크림, 지학사

6 다음 중 잎의 생김새에 대한 설명으로 옳은 것은 어느 것입니까? (   )

① 강아지풀과 국화의 잎맥의 모양은 같다.

② 잎몸은 잎자루에서 선처럼 보이는 것이다.

③ 잎자루는 잎몸과 줄기 사이에 있는 부분이다.

④ 토끼풀과 소나무 잎의 가장자리 모양은 같다.

⑤ 잎맥은 잎자루가 퍼져 있는 잎의 납작한 부분이다.

7종 공통

7 다음 식물의 잎 중에서 잎이 한곳에 세 개씩 붙어 있고, 가장자리가 톱니 모양인 것은 어느 것입니까?

(   )

① ▲ 국화

② ▲ 토끼풀

③ ▲ 사철나무

④ ▲ 단풍나무

7종 공통

8 다음 두 식물의 잎에 대한 설명으로 옳지 않은 것은 어느 것입니까? (   )

▲ 국화   ▲ 강아지풀

① 강아지풀 잎은 좁고 길쭉하다.

② 국화 잎의 가장자리에 털이 있다.

③ 국화 잎의 가장자리는 울퉁불퉁하다.

④ 강아지풀 잎의 가장자리는 매끈하다.

⑤ 국화 잎의 가장자리는 깊게 갈라져 있다.

7종 공통

9 다음 중 식물을 분류할 때 분류 기준으로 알맞지 않은 것은 어느 것입니까? (   )

① 잎의 모양이 길쭉한가?

② 잎맥의 모양은 나란한가?

③ 잎의 촉감이 부드러운가?

④ 잎의 끝 모양이 뾰족한가?

⑤ 잎의 가장자리가 갈라졌는가?

🗄 서술형·논술형 문제   **7종 공통**

10 다음 보기에서 ㉠, ㉢을 한 무리로, ㉡을 다른 무리로 분류할 때 분류 기준으로 알맞은 것을 한 가지 쓰시오.

보기

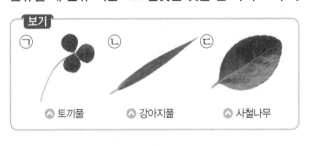

㉠   ㉡   ㉢

▲ 토끼풀   ▲ 강아지풀   ▲ 사철나무

_____

_____

과
학

7종
검정 교과서
단원 평가

핵심 정리

🌱 **들이나 산에 사는 식물**

① 들이나 산에 사는 식물

풀	나무
⬆ 강아지풀　⬆ 명아주	⬆ 소나무　⬆ 단풍나무

② 풀과 나무의 공통점과 차이점 　　천재, 김영사, 동아, 지학사

공통점	• 대부분 잎이 초록색임. • 대부분 땅에 뿌리를 내리고 삶. • 대부분 뿌리, 줄기, 잎이 구분됨.
차이점	• 풀이 나무보다 키가 작고, 줄기가 가늚. • 풀은 대부분 한해살이 식물이고, 나무는 모두 여러해살이 식물임.

🌱 **식물이 겨울을 넘기는 방법**

금성

한해살이풀	씨로만 겨울을 넘김.
여러해살이풀	씨와 땅속 부분으로 겨울을 넘김.
나무	땅속의 뿌리와 땅 위의 줄기로 겨울을 넘김.

🌱 **강이나 연못에서 사는 식물**

잎이 물 위로 높이 자라는 식물	물가나 물속의 땅에 뿌리를 내리고, 잎이 물 위로 높이 자람. 예 갈대, 부들, 연꽃
잎이 물에 떠 있는 식물	물속의 땅에 뿌리를 내리고 잎과 꽃이 물 위에 떠 있음. 예 마름, 가래, 수련
물에 떠서 사는 식물	물에 떠서 살며, 수염처럼 생긴 뿌리가 물속에 뻗어 있음. 예 부레옥잠, 물상추, 개구리밥
물속에 잠겨서 사는 식물	물속에 잠겨서 살며, 물의 흐름에 따라 잘 휘어짐. 예 물질경이, 검정말, 나사말

❷ 다양한 환경에 사는 식물

7종 공통

1 다음 보기 에서 들이나 산에 사는 식물이 <u>아닌</u> 것을 골라 기호를 쓰시오.

> 보기
> ㉠ 민들레　　㉡ 밤나무　　㉢ 바오바브나무

(　　　　　　　　)

7종 공통

2 다음 들이나 산에 사는 식물 중 풀은 어느 것입니까?

(　　　　　)

①
⬆ 밤나무

②
⬆ 민들레

③
⬆ 소나무

④
⬆ 상수리나무

천재, 김영사, 동아, 지학사

3 다음 중 풀과 나무의 공통점과 차이점에 대해 <u>잘못</u> 말한 친구는 누구입니까? (　　　　)

① 형원: 풀은 나무보다 키가 작아.

② 현우: 나무만 뿌리, 줄기, 잎이 구분돼.

③ 수빈: 풀은 대부분 한해살이 식물이지.

④ 선혜: 나무는 모두 여러해살이 식물이야.

⑤ 민혁: 풀과 나무 모두 땅에 뿌리를 내리고 살아.

금성

4 다음 보기 에서 풀과 나무가 겨울을 넘기는 방법에 대한 설명으로 옳지 <u>않은</u> 것을 골라 기호를 쓰시오.

보기
> ㉠ 한해살이풀은 씨로만 겨울을 넘깁니다.
> ㉡ 나무는 땅속의 뿌리로만 겨울을 넘깁니다.
> ㉢ 여러해살이풀은 씨와 땅속 부분으로 겨울을 넘깁니다.

(   )

7종 공통

5 다음 중 부레옥잠이 물에 떠서 살 수 있는 까닭으로 옳은 것은 어느 것입니까? (   )

① 줄기가 굵기 때문이다.
② 잎이 반들거리기 때문이다.
③ 뿌리에 공기를 저장하고 있기 때문이다.
④ 잎자루와 뿌리에 물이 들어 있기 때문이다.
⑤ 잎자루의 공기주머니 속에 공기가 있기 때문이다.

7종 공통

6 다음은 적응에 대한 설명입니다. (   ) 안의 알맞은 말에 ○표를 하시오.

> 적응이란 생물이 (오랜 / 짧은) 기간에 걸쳐 사는 곳의 환경에 알맞은 생김새와 생활 방식을 (잊게 / 갖게) 되는 것을 말합니다.

7종 공통

7 다음 중 강이나 연못에 사는 식물이 <u>아닌</u> 것은 어느 것입니까? (   )

① 마름   ② 명아주   ③ 개구리밥
④ 물질경이   ⑤ 부레옥잠

7종 공통

8 다음 중 강이나 연못에서 사는 식물의 특징으로 옳지 <u>않은</u> 것을 두 가지 고르시오. (,   )

① 개구리밥: 물에 떠서 산다.
② 가래: 잎과 뿌리가 물속에 잠겨 있다.
③ 부들: 물가나 물속의 땅에 뿌리를 내린다.
④ 검정말: 줄기가 단단하며, 키가 크게 자란다.
⑤ 물상추: 물에 떠서 살며, 수염처럼 생긴 뿌리가 물속에 뻗어 있다.

🗂️ 서술형·논술형 문제   7종 공통

9 다음의 강이나 연못에 사는 식물인 갈대와 검정말의 차이점을 한 가지 쓰시오.

⌃ 갈대   ⌃ 검정말

_____

_____

7종 공통

10 다음 중 물에 떠서 사는 식물끼리 바르게 짝지은 것은 어느 것입니까? (   )

① 연꽃, 가래   ② 수련, 부들
③ 마름, 갈대   ④ 나사말, 물질경이
⑤ 물상추, 부레옥잠

7종
검정 교과서
단원 평가

1. 식물의 생활

❸ 특수한 환경의 식물 / 식물의 특징을 활용한 예

핵심 정리

🌱 사막에 사는 식물
천재, 금성, 김영사, 동아, 아이스크림, 지학사
① 사막의 환경: 햇빛이 강하고 물이 적습니다.
② 사막에 사는 식물의 생김새와 특징

선인장	• 굵은 줄기에 물을 저장함. • 잎이 가시 모양이어서 물이 밖으로 빠져나가는 것을 막음.
바오바브나무	• 굵은 줄기에 물을 저장함. • 잎이 작아서 물이 빠져나가는 것을 막음.
용설란	• 두꺼운 잎에 물을 저장함. • 잎의 가장자리에 날카로운 가시가 있음.
리돕스	• 두꺼운 잎에 물을 저장함. • 줄기가 거의 없고 돌을 닮음.　　천재

🌱 극지방에 사는 식물
천재, 금성, 아이스크림
① 극지방의 환경: 온도가 낮고 바람이 많이 붑니다.
② 극지방에 사는 식물의 생김새와 특징: 키가 작아서 추위와 바람의 영향을 적게 받습니다.

⌃ 남극구슬이끼　　⌃ 북극버들

🌱 식물의 특징을 활용한 예

찍찍이 테이프 / 찍찍이 캐치볼	천에 붙으면 잘 떨어지지 않는 도꼬마리 열매의 특징을 활용함.
드론	바람을 타고 빙글빙글 돌며 떨어지는 단풍나무 열매의 특징을 활용함.
물이 스며들지 않는 옷감	물에 젖지 않는 연잎의 특징을 활용함.
철조망	줄기와 잎에 가시가 있는 지느러미엉겅퀴의 특징을 활용함.　　지학사

천재, 금성, 김영사, 동아, 아이스크림, 지학사

1 다음 중 사막의 환경에 대해 바르게 말한 친구는 누구입니까? (　　　)

① 하영: 햇빛이 강해.
② 현아: 습하고 더워.
③ 상우: 비가 많이 와.
④ 재영: 낮에는 매우 추워.
⑤ 서진: 땅이 얼음으로 덮여 있어.

천재, 금성, 김영사, 동아, 아이스크림, 지학사

2 다음 보기 에서 선인장이 사막과 같이 건조한 곳에 살기에 알맞게 적응한 점이 <u>아닌</u> 것을 골라 기호를 쓰시오.

> 보기
> ㉠ 넓은 잎이 있습니다.
> ㉡ 줄기에 물을 저장합니다.
> ㉢ 가시 모양의 잎이 있습니다.

(　　　　　　　)

천재, 김영사, 아이스크림, 지학사

3 다음 중 사막에 사는 식물은 어느 것입니까? (　　　)

①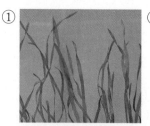
⌃ 나사말

②
⌃ 밤나무

③
⌃ 물상추

④
⌃ 용설란

천재, 김영사, 동아, 지학사

4 다음 중 바오바브나무가 사막에서 살 수 있는 까닭으로 옳은 것은 어느 것입니까? (   )

① 넓은 잎에 물을 저장한다.

② 굵은 줄기에 물을 저장한다.

③ 가시 모양의 잎에 물을 저장한다.

④ 땅 위로 나온 뿌리에 물을 저장한다.

⑤ 줄기가 얇아서 물이 빠져나가는 것을 막는다.

🗂️ 서술형·논술형 문제   천재

5 다음의 리돕스가 사막에서 살 수 있는 까닭을 쓰시오.

_____

_____

천재, 금성, 아이스크림

6 다음의 극지방에 사는 식물의 이름을 보기 에서 골라 기호를 쓰시오.

보기
ⓐ 마름   ⓑ 갈대   ⓒ 남극구슬이끼

(   )

동아

7 다음 찍찍이 캐치볼에 대한 설명에 맞게 (   ) 안의 알맞은 말에 ○표를 하시오.

찍찍이 캐치볼은 천에 붙으면 잘 떨어지지 않는 (선인장 / 도꼬마리) 열매의 특징을 활용하여 만든 것입니다.

7종 공통

8 다음 보기 에서 물이 스며들지 않는 옷감에 대한 설명으로 옳은 것을 골라 기호를 쓰시오.

보기
ⓐ 연잎의 특징을 활용하여 만들었습니다.
ⓑ 부레옥잠의 특징을 활용하여 만들었습니다.
ⓒ 남극구슬이끼의 특징을 활용하여 만들었습니다.

(   )

천재, 금성, 동아, 아이스크림, 지학사

9 다음 중 단풍나무 열매의 특징을 활용하여 만든 것은 어느 것입니까? (   )

① 클립   ② 주름 캔

③ 책꽂이   ④ 태양열 발전소

⑤ 헬리콥터의 프로펠러

지학사

10 다음 중 철조망에 대한 설명에 맞게 ☐ 안에 들어갈 알맞은 말은 어느 것입니까? (   )

철조망은 줄기와 잎에 가시가 있는 ☐ 의 특징을 활용하여 만든 것입니다.

① 용설란   ② 검정말

③ 북극버들   ④ 은행나무 열매

⑤ 지느러미엉겅퀴

과학

핵심 정리

🍚 **물의 세 가지 상태**: 물은 서로 다른 상태로 변할 수 있습니다.

얼음(고체)	물(액체)	수증기(기체)
• 일정한 모양이 있음. • 차갑고, 단단함.	• 일정한 모양이 없음. • 흐르는 성질이 있음.	• 일정한 모양이 없음. • 눈에 보이지 않음.

🍚 **물이 얼 때의 부피와 무게 변화**

① 시험관에 물을 반 정도 넣고 물이 얼기 전과 언 후의 부피(물의 높이)와 시험관의 무게를 각각 측정합니다.

② 실험 결과

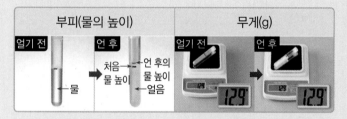

➡ 물이 얼면 부피가 늘어나고, 무게는 변하지 않습니다.

③ 예: 페트병에 물을 가득 넣어 얼리면 페트병이 커집니다.

🍚 **얼음이 녹을 때의 부피와 무게 변화**

① 위의 실험에서 물이 언 시험관 안의 얼음이 녹기 전과 완전히 녹은 후의 부피(물의 높이)와 시험관의 무게를 각각 측정합니다.

② 실험 결과

➡ 얼음이 녹으면 부피가 줄어들고, 무게는 변하지 않습니다.

③ 예: 꽁꽁 언 튜브형 얼음과자를 냉동실에서 꺼내 놓으면 얼음과자의 부피가 줄어듭니다. 천재, 김영사, 동아, 비상, 아이스크림, 지학사

물의 세 가지 상태 / 물이 얼 때와 얼음이 녹을 때의 부피와 무게 변화

7종 공통

1 다음 중 페트리 접시에 담긴 얼음을 관찰한 결과로 옳은 것에는 ○표, 옳지 <u>않은</u> 것에는 ×표를 하시오.

(1) 차갑고 단단합니다. ( )

(2) 손에 잡히지 않습니다. ( )

(3) 일정한 모양이 없습니다. ( )

7종 공통

2 다음 중 페트리 접시에 담긴 물을 관찰한 결과로 옳은 것은 어느 것입니까? ( )

① 얼음보다 차갑다.

② 흐르며 손에 잡힌다.

③ 눈에 보이지 않는다.

④ 단단하고 일정한 모양이 있다.

⑤ 일정한 모양이 없고 손에 잡히지 않는다.

7종 공통

3 다음 중 얼음, 물, 수증기의 상태를 바르게 나타낸 것은 어느 것입니까? ( )

	얼음	물	수증기
①	고체	기체	액체
②	액체	기체	고체
③	고체	액체	기체
④	기체	액체	고체
⑤	기체	고체	액체

7종 공통

4 다음 중 우리 주변에 있는 물의 상태에 대해 바르게 설명한 친구의 이름을 쓰시오.

> 지수: 모두 액체 상태로만 존재해.
> 동혁: 고체, 액체, 기체의 세 가지 상태로 존재해.
> 민우: 한 가지 상태에서 다른 상태로 변할 수 없어.

( )

5 오른쪽과 같이 얼음을 손바닥 위에 올려놓았을 때의 변화로 옳은 것은 어느 것입니까?

김영사, 동아, 지학사

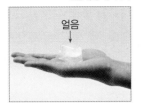
얼음

(   )

① 얼음이 점점 커진다.
② 얼음이 녹아서 물이 된다.
③ 얼음의 크기에 변화가 없다.
④ 얼음이 점점 푸른색으로 변한다.
⑤ 얼음에서 하얀색 연기가 나오면서 바로 눈에 보이지 않게 된다.

7종 공통

6 다음 중 플라스틱 시험관에 넣은 물이 언 후의 모습으로 옳은 것은 어느 것입니까? (단, 검은색 선은 물이 얼기 전의 높이, 빨간색 선은 물이 언 후의 높이를 나타냅니다.)

(   )

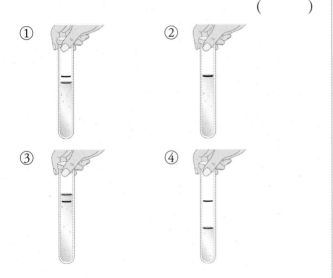

7종 공통

7 다음 중 위 **6**번의 답과 같은 결과가 나타나는 까닭으로 옳은 것은 어느 것입니까? (   )

① 물이 얼 때 부피가 늘어나기 때문이다.
② 물이 얼 때 부피가 줄어들기 때문이다.
③ 물이 얼 때 무게가 늘어나기 때문이다.
④ 물이 얼 때 무게가 줄어들기 때문이다.
⑤ 물이 얼 때 부피와 무게가 모두 늘어나기 때문이다.

7종 공통

8 다음 보기 에서 물이 얼 때의 부피 변화로 생기는 현상이 <u>아닌</u> 것을 골라 기호를 쓰시오.

보기
㉠ 젖은 빨래를 널어 두면 마릅니다.
㉡ 한겨울에 수도관에 설치된 계량기가 얼어서 터집니다.
㉢ 페트병에 물을 가득 넣어 얼리면 페트병이 커집니다.
㉣ 겨울철에 물을 담아 둔 장독 안의 물이 얼어 장독이 깨집니다.

(   )

📝 서술형·논술형 문제

7종 공통

9 플라스틱 시험관 안의 얼음이 녹기 전의 무게와 얼음이 녹은 후의 무게가 다음과 같았습니다. 이 실험 결과로 알 수 있는 점을 쓰시오.

녹기 전	녹은 후
13.0 g	13.0 g

_____

_____

천재, 김영사, 동아, 비상, 아이스크림, 지학사

10 다음을 얼음과자가 녹기 전과 녹은 후의 모습에 맞게 줄로 바르게 이으시오.

(1)

•   • ㉠ 얼음과자가 녹기 전

(2)

•   • ㉡ 얼음과자가 녹은 후

과학

7종
검정 교과서
단원평가

핵심 정리

🌀 증발

① 물을 그대로 두었을 때의 변화 관찰하기

비커에 담긴 물의 변화 관찰하기 천재, 비상, 지학사	운동장에 물로 그림 그리기 금성
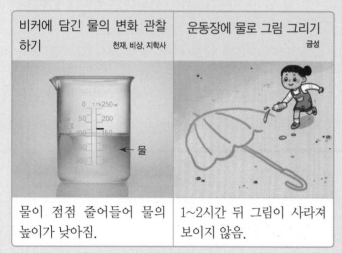	
물이 점점 줄어들어 물의 높이가 낮아짐.	1~2시간 뒤 그림이 사라져 보이지 않음.

➡ 비커에 담긴 물이 줄어들거나 물로 그린 그림이 사라지는 까닭: 물이 수증기로 변해 공기 중으로 날아갔기 때문입니다.

② 물의 증발: 액체인 물이 표면에서 기체인 수증기로 상태가 변하는 현상

③ 우리 주변에서 관찰할 수 있는 증발 현상: 빨래 말리기, 물감 말리기, 감 말리기 등

🌀 끓음

① 물이 끓을 때의 특징 관찰하기

물이 끓기 전	물이 끓을 때	물이 끓은 후 물의 높이 변화
시간이 지나면서 물속에 작은 기포가 조금씩 생김.	크고 작은 기포가 많이 생기고, 물 표면이 울퉁불퉁해짐.	물이 끓은 후 물의 높이가 끓기 전보다 낮아짐.

➡ 물의 높이가 변한 까닭: 물이 수증기로 변해 공기 중으로 날아갔기 때문입니다.

② 물의 끓음: 물의 표면과 물속에서 모두 액체인 물이 기체인 수증기로 상태가 변하는 현상

③ 우리 주변에서 관찰할 수 있는 끓음 현상: 물 끓이기, 찌개 끓이기, 달걀 삶기, 유리병 소독하기 등

❷ 증발과 끓음

[1~2] 오른쪽과 같이 페트병에 담아 온 물로 운동장에 그림을 그렸습니다. 물음에 답하시오.

금성

1 1~2시간이 지난 뒤 운동장에 그린 그림에서 나타나는 변화로 옳은 것을 보기 에서 골라 기호를 쓰시오.

> **보기**
> ㉠ 운동장에 그린 그림이 더 진하게 나타납니다.
> ㉡ 운동장에 그린 그림이 사라져 보이지 않습니다.
> ㉢ 운동장에 그린 그림의 색깔이 보라색으로 바뀝니다.

( )

7종 공통

2 다음 중 위 **1**번의 답과 같이 나타났을 때 찾아볼 수 있는 물의 상태 변화로 옳은 것은 어느 것입니까?

( )

① 얼음 → 물   ② 물 → 얼음
③ 물 → 수증기   ④ 수증기 → 물
⑤ 얼음 → 수증기

7종 공통

3 오른쪽의 물이 담긴 비커를 가열했을 때 끓은 후의 물의 높이 변화로 옳은 것은 어느 것입니까? ( )

①    ②

③    ④

4 다음 보기 에서 증발에 대한 설명으로 옳은 것을 골라 기호를 쓰시오.

7종 공통

보기

㉠ 고체인 얼음이 표면에서 기체인 수증기로 상태가 변하는 것입니다.
㉡ 액체인 물이 표면에서 기체인 수증기로 상태가 변하는 것입니다.
㉢ 기체인 수증기가 표면에서 액체인 물로 상태가 변하는 것입니다.

(   )

5 다음 중 우리 주변에서 관찰할 수 있는 증발 현상으로 옳은 것을 골라 기호를 쓰시오.

7종 공통

△ 물감을 말림.　　△ 고드름이 녹음.　　△ 물이 끓음.

(   )

6 다음 중 물의 표면과 물속에서 모두 액체인 물이 기체인 수증기로 상태가 변하는 현상을 무엇이라고 합니까?

7종 공통

(   )

① 증발　　② 끓음　　③ 응결
④ 공기　　⑤ 얼음

7 다음은 가열하여 물이 끓을 때 나타나는 현상입니다. (　　) 안에 들어갈 알맞은 말에 ○표를 하시오.

7종 공통

크고 작은 기포가 많이 생기고, 기포가 올라와 터지면서 물 표면이 (잔잔해 / 울퉁불퉁해) 집니다.

8 오른쪽과 같이 비커에 담긴 물을 가열하여 어느 정도 끓은 후에 관찰하였을 때의 결과로 옳은 것은 어느 것입니까?

7종 공통

←물

(   )

① 물이 얼음으로 변한다.
② 물의 높이가 높아진다.
③ 물의 높이가 낮아진다.
④ 물의 높이에는 변화가 없다.
⑤ 물의 색깔이 어둡게 변한다.

9 다음 중 물이 끓는 현상과 관련이 있는 것은 어느 것입니까? (　　)

7종 공통

① 라면을 끓인다.
② 고드름이 점점 커진다.
③ 가뭄으로 논바닥이 갈라진다.
④ 어항의 물이 조금씩 줄어든다.
⑤ 음료수에 넣은 조각 얼음이 녹는다.

📋 서술형·논술형 문제

7종 공통

10 다음은 우리 주변에서 물의 증발과 끓음의 예를 나타낸 것입니다.

증발	• 고추를 말림. • 젖은 빨래가 마름.
끓음	• 찌개를 끓임. • 달걀을 삶음.

(1) 위와 같이 증발과 끓음 현상이 나타날 때에는 공통적으로 물이 무엇으로 상태가 변하는지 쓰시오.

(   )

(2) 물의 증발과 끓음의 차이점을 물의 양이 줄어드는 빠르기와 관련지어 쓰시오.

_____

핵심 정리

응결

① 얼음이 담긴 병 표면의 변화 관찰하기

실험 방법	플라스틱병에 주스와 얼음을 넣고 마개로 막은 후, 병의 무게를 측정함. ➡ 플라스틱병 표면에서 일어나는 변화를 관찰함. ➡ 시간이 지난 뒤의 무게를 측정함.
실험 결과	• 플라스틱병 표면에 물방울이 맺힘. • 처음보다 시간이 지난 뒤 무게가 무거워짐.
알게 된 점	• 공기 중의 수증기가 차가운 병 표면에 닿아 물로 맺힘. • 맺힌 물방울의 무게만큼 무게가 늘어남.

② 응결: 기체인 수증기가 액체인 물로 상태가 변하는 현상

③ 우리 주변에서 관찰할 수 있는 응결 현상

⬆ 추운 겨울 유리창 안쪽에 맺힌 물방울　⬆ 맑은 날 아침 풀잎에 맺힌 물방울　⬆ 차가운 음료수병 표면에 맺힌 물방울

물의 상태 변화를 이용한 예　천재, 금성, 김영사, 동아, 아이스크림, 지학사

① 물이 얼음으로 되는 상태 변화를 이용한 예

⬆ 팥빙수 만들기　⬆ 인공 눈 만들기

② 물이 수증기로 되는 상태 변화를 이용한 예

⬆ 가습기 틀기　⬆ 스팀다리미로 옷의 주름 펴기

3 응결

[1~4] 오른쪽과 같이 플라스틱병에 주스와 얼음을 넣고 시간이 지난 후에 관찰하였더니 병의 표면에 물방울이 생겼습니다. 물음에 답하시오.

주스 +얼음

7종 공통

1 위와 같이 플라스틱병 표면에 물방울이 생길 때 나타나는 물의 상태 변화로 옳은 것은 어느 것입니까?
(　　　)

① 얼음 → 물　　② 물 → 얼음
③ 물 → 수증기　　④ 수증기 → 얼음
⑤ 수증기 → 물

7종 공통

2 위 1번의 답과 같은 물의 상태 변화가 일어나는 것을 무엇이라고 하는지 다음 보기에서 골라 기호를 쓰시오.

보기
㉠ 증발　㉡ 응결　㉢ 끓음　㉣ 수증기

(　　　)

천재, 금성, 김영사, 동아

3 주스와 얼음을 넣은 플라스틱병의 처음의 무게가 200 g이었을 때, 시간이 지난 후에 플라스틱병의 무게를 잰 결과로 알맞은 것에 ○표를 하시오.

(1) 200 g과 같다.　　　　　(　　　)
(2) 200 g보다 줄어든다.　　(　　　)
(3) 200 g보다 늘어난다.　　(　　　)

7종 공통

4 다음은 위 3번의 답과 같은 결과가 나타난 까닭을 설명한 것입니다. ☐ 안에 들어갈 알맞은 말을 쓰시오.

공기 중의 ☐이/가 물이 되어 차가운 플라스틱병 표면에 달라붙었기 때문입니다.

(　　　)

5 다음은 추운 겨울 유리창 안쪽에 물방울이 맺힌 모습입니다. 이 물방울은 무엇이 변하여 생긴 것인지 쓰시오. 〈7종 공통〉

공기 중의 (   )

6 다음 중 위 **5**번의 유리창 안쪽에 물방울이 맺힐 때와 상태 변화가 같은 것은 어느 것입니까? (   ) 〈7종 공통〉

① 젖은 머리카락이 마른다.
② 햇볕을 받으면 고드름이 녹는다.
③ 어항 속 물의 양이 점점 줄어든다.
④ 차가운 음료수병 표면에 물방울이 맺힌다.
⑤ 물을 끓이면 물의 표면과 물속에서 기포가 발생한다.

🧰 **서술형·논술형 문제** 〈7종 공통〉

7 다음은 우리 주위에서 볼 수 있는 여러 가지 현상입니다.

🔺 빨래를 말림.　🔺 맑은 날 아침 풀잎에 물방울이 맺힘.　🔺 달걀을 삶음.

(1) 위의 각 현상이 나타날 때 일어나는 물의 상태 변화가 나머지와 다른 하나를 골라 기호를 쓰시오.
(   )

(2) 위 (1)번의 답과 같은 변화가 일어날 때 물의 상태 변화를 쓰시오.

_____

_____

8 스팀다리미로 옷의 주름을 펴는 것은 물의 어떤 상태 변화를 이용한 것입니까? (   ) 〈천재, 금성, 동아, 지학사〉

① 얼음이 물로 변하는 것
② 물이 얼음으로 변하는 것
③ 물이 수증기로 변하는 것
④ 수증기가 물로 변하는 것
⑤ 수증기가 얼음으로 변하는 것

9 다음 중 물이 얼음으로 상태가 변하는 예를 이용한 것을 골라 기호를 쓰시오. 〈천재, 금성, 김영사, 동아, 아이스크림, 지학사〉

🔺 ⊙ 스팀다리미로 옷의 주름을 펼 때　🔺 ⓒ 가습기를 이용할 때

🔺 ⓒ 겨울에 스키장에서 인공 눈을 만들 때　🔺 ⓔ 음식을 찔 때

(   )

10 다음은 가습기에 이용되는 물의 상태 변화에 대한 설명입니다. ⊙, ⓒ에 들어갈 말을 바르게 짝지은 것은 어느 것입니까? (   ) 〈천재, 금성, 아이스크림〉

> 가습기는 [⊙] 이/가 [ⓒ] (으)로 변하는 물의 상태 변화를 이용한 기구입니다.

　⊙　　ⓒ　　　　　⊙　　ⓒ
① 얼음　물　　　② 물　얼음
③ 수증기　물　　④ 물　수증기
⑤ 수증기　얼음

7종
검정 교과서
단원평가

핵심 정리

🌑 그림자가 생기는 조건

천재, 금성, 김영사, 아이스크림

① 그림자가 생기지 않는 경우

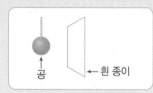

🔺 빨대를 꽂은 공을 흰 종이 앞에 놓았을 때

🔺 손전등을 흰 종이에 바로 비추었을 때

② 그림자가 생기는 경우: 공을 흰 종이 앞에 놓은 뒤, 손전등 빛을 공을 바라보는 방향으로 비출 때 그림자가 생깁니다.

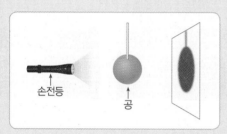

➡ 그림자가 생기는 조건: 빛과 물체가 있어야 하고, 물체에 빛을 비추어야 합니다. → 물체를 바라보는 방향으로 손전등을 비출 때, 그림자는 물체의 뒤쪽에 생깁니다.

🌑 투명한 물체와 불투명한 물체의 그림자

① 투명 플라스틱 컵과 종이컵의 그림자 비교하기

구분	투명 플라스틱 컵의 그림자 (투명한 물체)	종이컵의 그림자 (불투명한 물체)
그림자 모양		
차이점	• 그림자가 연함. • 빛이 대부분 통과함.	• 그림자가 진함. • 빛이 통과하지 못함.
알 수 있는 점	빛이 물체를 통과하는 정도에 따라 그림자의 진하기가 다름.	

② 투명한 물체와 불투명한 물체의 예
• 투명한 물체: 유리, 안경알, 유리컵 등
• 불투명한 물체: 그늘막, 나무, 창틀, 안경테 등

---

① 그림자가 생기는 조건 / 투명한 물체와 불투명한 물체의 그림자

7종 공통

1 다음 중 그림자가 생기기 위해 필요한 것을 두 가지 고르시오. (　　,　　)

① 물
② 빛
③ 공기
④ 물체
⑤ 그늘

7종 공통

2 다음과 같이 장치하고 손전등의 불을 켰을 때 그림자가 생기는 위치로 옳은 것을 골라 기호를 쓰시오.

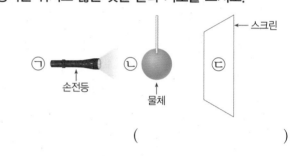

(　　　　　　　)

7종 공통

3 다음은 그림자가 생기기 위한 빛의 방향에 대한 설명입니다. (　　) 안의 옳은 말에 ○표를 하시오.

> 빛은 물체를 (바라보는 / 바라보는 반대) 방향으로 비추어야 합니다.

7종 공통

4 다음 보기에서 그림자가 생기기 위한 조건으로 옳은 것을 골라 기호를 쓰시오.

> 보기
> ㉠ 빛을 가릴 물체는 필요하지 않습니다.
> ㉡ 빛이 없으면 그림자가 생기지 않습니다.
> ㉢ 검은 종이와 같은 스크린을 사용하면 그림자를 잘 볼 수 있습니다.

(　　　　　　　)

정답 12쪽

서술형·논술형 문제

천재

5 다음은 햇빛이 비치는 공원에 있는 사람, 동물, 나무 주변에 그림자가 생긴 모습입니다. 구름이 햇빛을 가리면 어떻게 되는지 쓰시오.

7종 공통

6 다음 중 투명한 물체는 어느 것입니까? (　　　)

① 손　② 책
③ 나무　④ 도자기
⑤ 무색 비닐

천재, 김영사, 아이스크림

7 다음은 안경의 유리는 그림자가 연하게 생기고, 안경의 테는 그림자가 진하게 생기는 까닭입니다. ㉠, ㉡에 들어갈 알맞은 말을 각각 쓰시오.

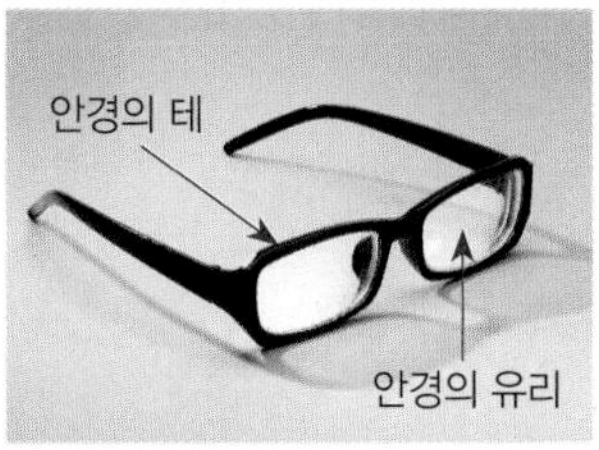

> 안경의 유리는 [㉠]하여 빛이 대부분 통과하고, 안경의 테는 [㉡]하여 빛이 통과하지 못하기 때문입니다.

㉠ (　　　　　　)
㉡ (　　　　　　)

7종 공통

8 다음 중 손전등을 비출 때 스크린에 진하고 선명한 그림자가 생기는 것을 골라 기호를 쓰시오.

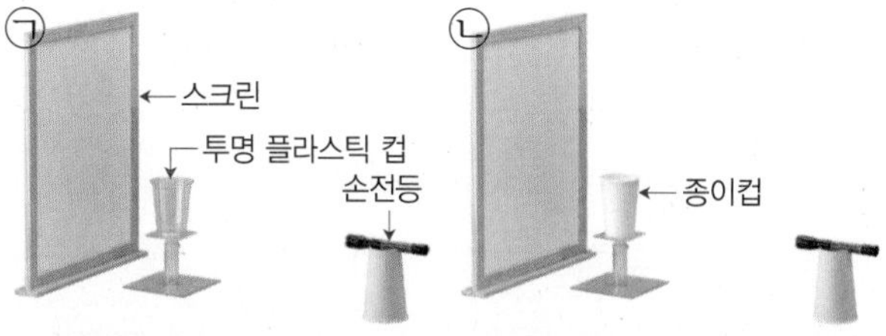

투명 플라스틱 컵에 손전등의 빛을 비추어 보기
종이컵에 손전등의 빛을 비추어 보기

(　　　　　　)

서술형·논술형 문제

7종 공통

9 다음은 도자기 컵과 유리컵의 그림자 모습입니다.

도자기 컵　유리컵

(1) 연한 그림자가 생긴 것을 골라 기호를 쓰시오.

(　　　　　　)

(2) (1)번 답과 같이 연한 그림자가 생기는 까닭을 쓰시오.

7종 공통

10 다음은 그림자에 대한 설명입니다. [ ] 안에 들어갈 물체로 알맞지 <u>않은</u> 것은 어느 것입니까? (　　　)

> 빛이 나아가다가 [　　] 와/과 같은 불투명한 물체를 만나면 진한 그림자가 생깁니다.

① 나무　② 유리
③ 창틀　④ 그늘막
⑤ 도자기

과학

7종
검정 교과서 단원평가

핵심 정리

🌀 물체 모양과 그림자 모양이 비슷한 까닭

① 빛의 직진: 빛이 곧게 나아가는 성질

② 물체를 돌려 방향을 바꾸었을 때 생기는 그림자: 같은 물체라도 물체를 놓는 방향에 따라 그림자의 모양이 달라지기도 합니다.   천재, 금성, 김영사, 동아, 아이스크림, 지학사

⬆ 물체를 돌려 방향을 바꾸었을 때 생기는 그림자의 모습

③ 물체의 모양과 그림자의 모양이 비슷한 까닭: 빛이 직진하기 때문입니다.

🌀 그림자의 크기 변화

① 물체와 스크린을 그대로 두고 손전등을 움직일 경우

구분	손전등을 물체에 가깝게 할 때	손전등을 물체에서 멀게 할 때
모습		
특징	그림자의 크기가 커짐.	그림자의 크기가 작아짐.

② 스크린과 손전등을 그대로 두고 물체를 움직일 경우   금성, 김영사, 동아, 비상, 지학사

구분	물체를 손전등에 가깝게 할 때	물체를 손전등에서 멀게 할 때
모습		
특징	그림자의 크기가 커짐.	그림자의 크기가 작아짐.

③ 물체와 손전등을 그대로 두고 스크린을 움직일 경우   천재, 동아, 아이스크림

구분	스크린을 물체에 가깝게 할 때	스크린을 물체에서 멀게 할 때
특징	그림자의 크기가 작아짐.	그림자의 크기가 커짐.

❷ 물체 모양과 그림자 모양이 비슷한 까닭 / 그림자의 크기 변화

1 오른쪽과 같은 삼각형 모양 종이를 사용해 그림자를 만들 때 나타나는 그림자의 모양을 쓰시오.

7종 공통

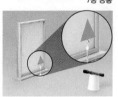

(   )

🗂 서술형·논술형 문제   7종 공통

2 다음은 손전등, ㄱ자 모양 블록, 스크린을 이용하여 그림자를 만든 모습입니다. ㄱ자 모양 블록과 스크린에 생긴 그림자의 모양을 비교하여 쓰시오.

_____

_____

천재, 금성, 김영사, 동아, 아이스크림, 지학사

3 다음과 같이 스크린, 우유, 손전등을 차례대로 놓고 불을 켰을 때 스크린에 생긴 그림자의 모양으로 옳은 것을 골라 기호를 쓰시오.

보기
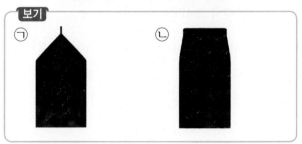
ㄱ   ㄴ

(   )

7종 공통

4 다음 중 물체의 모양과 비슷한 그림자가 생기는 까닭으로 옳은 것은 어느 것입니까? (   )

① 빛이 곧게 나아가기 때문이다.
② 빛이 물체를 들어올리기 때문이다.
③ 그림자는 물체의 앞쪽에 생기기 때문이다.
④ 빛이 물체의 표면을 따라 휘어져 나아가기 때문이다.
⑤ 물체의 색깔에 따라 그림자의 크기가 변하기 때문이다.

천재, 금성, 김영사, 동아, 아이스크림, 지학사

5 다음은 친구들이 그림자의 방향을 바꾸는 방법에 대해 설명한 것입니다. 옳게 설명한 친구의 이름을 쓰시오.

> 원석: 물체의 색깔을 바꿔야 해.
> 연희: 물체를 놓은 방향을 바꿔야 해.
> 민주: 손전등에서 나오는 빛의 세기를 다르게 해야 해.

(   )

7종 공통

6 다음 중 물체의 그림자의 크기를 변화시키는 방법으로 옳은 것을 두 가지 고르시오. (,   )

① 물체의 위치를 조절한다.
② 스크린의 크기를 바꾼다.
③ 손전등의 위치를 조절한다.
④ 스크린의 색깔을 조절한다.
⑤ 손전등 불빛의 색깔을 바꾼다.

금성, 김영사, 동아, 비상, 지학사

7 다음은 그림자의 크기를 변화시키는 방법입니다. (   ) 안의 알맞은 말에 ○표를 하시오.

> 스크린과 손전등을 그대로 두고 물체를 손전등에 가깝게 하면 그림자의 크기가 (커 / 작아) 집니다.

7종 공통

8 다음과 같이 손전등만 비행기 모양 종이에서 멀게 할 때 그림자의 크기는 어떻게 되는지 쓰시오.

(   )

서술형·논술형 문제 7종 공통

9 다음은 스크린, 비행기 모양 종이, 손전등을 이용해 그림자의 크기를 변화시키는 모습입니다.

(1) 손전등을 움직여 그림자의 크기를 변화시킬 때의 조건을 보기 에서 골라 기호를 쓰시오.

> 보기
> ㉠ 비행기 모양 종이와 스크린을 움직입니다.
> ㉡ 비행기 모양 종이와 스크린을 그대로 둡니다.

(   )

(2) 위 (1)번 조건에서 그림자의 크기를 크게 하려면 손전등을 어떻게 움직여야 하는지 쓰시오.

_____

_____

7종 공통

10 다음 보기 에서 그림자의 크기에 영향을 주는 요인을 골라 기호를 쓰시오.

> 보기
> ㉠ 물체의 색깔
> ㉡ 손전등의 무게
> ㉢ 손전등과 물체 사이의 거리

(   )

7종
검정 교과서
단원 평가

핵심 정리

🌰 물체의 실제 모습과 거울에 비친 모습

구분	실제 모습	거울에 비친 모습
모습	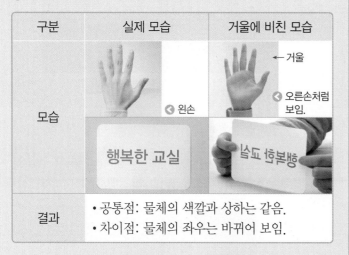 ◀ 왼손	← 거울 ◀ 오른손처럼 보임.
결과	• 공통점: 물체의 색깔과 상하는 같음. • 차이점: 물체의 좌우는 바뀌어 보임.	

🌰 거울에 부딪쳐 나아가는 빛

① 빛이 거울에 부딪치면 거울에서 빛의 방향이 바뀝니다.
② 빛의 반사: 빛이 나아가다가 거울에 부딪치면 빛의 방향이 바뀌는 성질

🔼 빛이 거울에 부딪쳐 나아가는 모습

🌰 우리 생활에서 거울의 이용 예

🔼 세면대 거울: 자신의 모습 보기

🔼 미용실 거울: 손질한 머리 모양 확인하기

🔼 자동차 뒷거울: 뒤 자동차의 모습 보기

🔼 화장대 거울: 화장을 할 때 자신의 모습 보기

🔼 무용실 거울: 무용하는 자신의 모습 보기

🔼 승강기 거울: 공간을 넓어 보이게 함.

③ 거울

7종 공통

1 오른쪽과 같이 거울에 왼손을 비추었을 때, 거울에 비친 손의 모습으로 옳은 것을 골라 기호를 쓰시오.

⊙  ⓒ  ⓒ

(   )

7종 공통

2 다음 중 거울에 비친 물체와 실제 물체의 공통점으로 옳은 것은 어느 것입니까? (   )

① 색깔이 같다.
② 무게가 다르다.
③ 재질이 다르다.
④ 좌우 모양이 같다.
⑤ 상하가 바뀌어 보인다.

7종 공통

3 오른쪽은 거울에 비친 글자의 모습입니다. 실제 글자는 무엇인지 쓰시오.

ᅵ슴ㅛ

(   )

지학사

4 다음 보기 에서 원래 모양과 거울에 비친 모양이 같은 글자를 골라 기호를 쓰시오.

보기
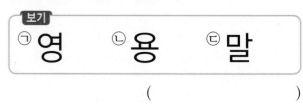
⊙ 영   ⓒ 용   ⓒ 말

(   )

5 다음과 같이 손전등의 빛이 거울에 부딪쳐 나아가는 모습을 관찰하려고 할 때, 손전등의 불빛이 닿아야 하는 위치로 적당한 곳을 골라 기호를 쓰시오.

7종 공통

( )

🔖 서술형·논술형 문제   천재

6 다음과 같이 종이 상자 입구에 손전등 빛을 비추어 상자 안의 노란색 꽃에 손전등 빛을 보내려고 합니다.

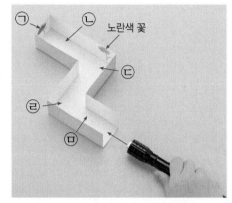

(1) 위의 ㉠~㉤ 중 어느 곳에 거울을 놓아야 빛이 노란색 꽃에 닿을지 기호를 쓰시오.

( )

(2) 거울을 이용하여 노란색 꽃에 빛을 보낼 수 있는 까닭을 쓰시오.

_____

_____

7종 공통

7 다음 중 빛을 다른 방향으로 반사하게 할 때, 거울을 움직이는 방법으로 옳은 것은 어느 것입니까? ( )

① 거울을 그대로 둔다.
② 거울이 바라보는 방향을 바꾼다.
③ 거울에 빛이 닿지 않도록 조절한다.
④ 거울의 표면에 검은색 종이를 붙인다.
⑤ 거울을 사용하여 빛의 방향을 바꿀 수 없다.

7종 공통

8 다음은 어떤 물체를 사용했을 때의 좋은 점입니까?

( )

• 자신의 모습을 봅니다.
• 실내를 넓어 보이게 하기 위해 설치합니다.
• 뒤에 오는 다른 자동차의 모습을 볼 수 있습니다.

① 컵   ② 안경
③ 시계   ④ 거울
⑤ 회전문

7종 공통

9 다음 중 거울을 이용하는 예가 <u>아닌</u> 것은 어느 것입니까?

( )

① 어머니가 화장할 때
② 어두운 밤에 손전등을 비출 때
③ 미용실에서 머리 모양을 볼 때
④ 무용실에서 무용 연습을 할 때
⑤ 옷 가게에서 내 뒷모습을 볼 때

🔖 서술형·논술형 문제   7종 공통

10 다음과 같은 자동차 뒷거울의 쓰임새를 한 가지 쓰시오.

_____

핵심 정리

🌋 **화산:** 마그마가 지표 밖으로 분출하여 생긴 지형입니다.

🌋 **화산의 특징**
① 마그마가 분출한 흔적이 있습니다.
② 화산의 크기와 생김새가 다양합니다.
③ 산꼭대기가 움푹 파여 있으며, 용암이 분출한 분화구가 있는 곳이 있습니다.
④ 현재 화산 활동이 일어나고 있는 화산의 경우 연기가 나거나 용암이 흘러나옵니다.

천재, 김영사, 비상, 아이스크림

🌋 **화산 활동 모형실험과 실제 화산 분출물 비교**

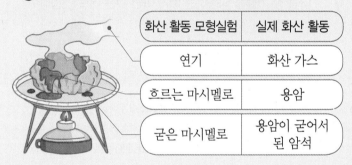

화산 활동 모형실험	실제 화산 활동
연기	화산 가스
흐르는 마시멜로	용암
굳은 마시멜로	용암이 굳어서 된 암석

🌋 **화산 분출물:** 화산이 분출할 때 나오는 물질입니다.

🔺 화산 가스(기체)

🔺 용암(액체)

🔺 화산재(고체)

🔺 화산 암석 조각(고체)

1 화산과 화산 분출물

7종 공통

1 다음 설명에 해당하는 산은 어느 것입니까?

(   )

> • 우리나라의 화산입니다.
> • 산꼭대기가 움푹 파여 있으며, 산꼭대기에 큰 호수가 있습니다.

① 백두산   ② 지리산   ③ 설악산
④ 후지산   ⑤ 시나붕산

7종 공통

2 다음 중 화산의 특징에 대한 설명으로 옳은 것은 어느 것입니까? (   )
① 화산의 크기와 생김새가 다양하다.
② 산꼭대기에 분화구가 있는 곳이 없다.
③ 산꼭대기에 물이 고여 있는 곳이 없다.
④ 마그마가 지표 밖으로 분출하지 않아 생긴 지형이다.
⑤ 암석이 여러 층으로 쌓여 있으며, 용암이 나오지 않는다.

7종 공통

3 다음 보기 에서 화산의 공통점으로 옳은 것을 골라 기호를 쓰시오.

> **보기**
> ㉠ 산꼭대기가 길게 연결되어 있습니다.
> ㉡ 산꼭대기에 뾰족한 산봉우리가 많습니다.
> ㉢ 산꼭대기가 뾰족하지 않고 움푹 파여 있습니다.

(   )

4 다음 중 화산이 **아닌** 산은 어느 것입니까? (   ) 천재

① 한라산   ② 울릉도   ③ 지리산
④ 베수비오산   ⑤ 파리쿠틴산

5 다음은 설악산과 지리산의 모습입니다. 두 산의 공통된 특징으로 옳은 것은 어느 것입니까? (   ) 7종 공통

⚠ 설악산   ⚠ 지리산

① 산의 높이가 같다.
② 우리나라의 화산이다.
③ 산꼭대기가 위로 볼록하다.
④ 산꼭대기에 물이 고여 있다.
⑤ 현재 화산 활동이 일어나고 있어 용암이 흘러나온다.

6 다음은 마시멜로를 이용한 화산 활동 모형실험의 모습입니다. 실험을 할 때 필요한 준비물이 **아닌** 것은 어느 것입니까? (   ) 천재, 김영사, 비상, 아이스크림

연기
흐르는 마시멜로
굳은 마시멜로

① 쿠킹 컵   ② 나무막대
③ 은박 접시   ④ 알코올램프
⑤ 알루미늄 포일

7 다음은 화산 활동 모형실험의 과정입니다. 실험 과정 **2**에서 뿌리는 식용 색소는 화산 분출물 중 무엇을 나타내기 위함인지 쓰시오. 비상

> **1** 알루미늄 포일로 쿠킹 컵을 감싸 화산 활동 모형을 만듭니다.
> **2** 쿠킹 컵 속에 마시멜로를 넣은 다음 그 위에 식용 색소를 뿌립니다.
> **3** 화산 활동 모형을 은박 접시 위에 올린 뒤, 알코올램프로 은박 접시를 가열하면서 나타나는 현상을 관찰합니다.

(   )

8 위 **7**번 실험 과정 **3**의 결과, 화산 활동 모형 윗부분에서 관찰할 수 있는 것은 어느 것입니까? (   ) 천재, 김영사, 비상, 아이스크림

① 물   ② 연기
③ 모래   ④ 자갈
⑤ 화산 암석 조각

9 다음 중 화산 분출물에 대해 **잘못** 이야기한 친구의 이름을 쓰시오. 7종 공통

> 경섭: 화산 암석 조각의 크기는 다양해.
> 로하: 화산이 분출할 때 수증기는 나올 수 없어.
> 민지: 화산이 분출할 때 고체, 액체, 기체 상태의 물질이 모두 나올 수 있어.

(   )

🗂 서술형·논술형 문제 7종 공통

10 오른쪽은 화산 분출물인 화산재입니다. 화산재는 어떤 상태의 물질인지 쓰고, 이와 같은 상태의 화산 분출물을 한 가지 더 쓰시오.

_____

_____

2 화강암과 현무암 / 화산 활동이 우리 생활에 미치는 영향

핵심 정리

🌋 **화성암**: 마그마의 활동으로 만들어진 암석으로, 화강암과 현무암 등이 있습니다.

🌋 **화강암과 현무암 관찰**

구분	화강암	현무암
모습		
암석의 색깔	밝은색임.	어두운색임.
알갱이의 크기	알갱이가 큼.	알갱이가 매우 작음.
생성 장소	땅속 깊은 곳	지표 가까운 곳
기타	대체로 밝은 바탕에 검은색 알갱이가 보임. 반짝이는 알갱이가 있습니다.	표면에 크고 작은 구멍이 많이 뚫려 있는 것도 있음.

🌋 **화산 활동이 우리 생활에 미치는 영향**

화산 활동의 피해	• 용암이 마을이나 농경지를 덮거나 산불을 발생시킴. • 화산재는 항공기 운항, 호흡기 질병 및 날씨의 변화에 영향을 줌.
화산 활동의 이로운 점	• 땅속의 높은 열을 이용하여 지열 발전 및 온천 개발에 활용함. • 화산재는 땅을 기름지게 하여 농작물이 잘 자라도록 해줌.

7종 공통

1 마그마의 활동으로 만들어진 암석을 무엇이라고 하는지 쓰시오.

(   )

7종 공통

2 다음 암석의 이름에 맞게 줄로 바르게 이으시오.

(1)

•   •㉠   화강암

(2)

•   •㉡   현무암

7종 공통

3 다음은 화강암에 대한 설명입니다. ( ) 안의 알맞은 말에 ○표를 하시오.

> 화강암은 (땅속 깊은 / 지표 가까운) 곳에서 식어서 만들어져 알갱이의 크기가 (큼 / 작습)니다.

7종 공통

4 다음 중 현무암에 대한 설명으로 옳지 않은 것은 어느 것입니까? (   )

① 어두운색이다.
② 알갱이가 매우 작다.
③ 반짝이는 알갱이가 있다.
④ 지표 가까운 곳에서 식어서 만들어졌다.
⑤ 표면에 크고 작은 구멍이 많이 뚫려 있는 것도 있다.

[5~6] 다음은 화강암과 현무암이 만들어지는 장소를 나타낸 것입니다. 물음에 답하시오.

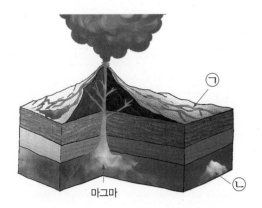
마그마

7종 공통

5 위의 ㉠과 ㉡에서 만들어지는 암석 중 알갱이의 크기가 큰 것의 기호를 쓰시오.

(   )

📋 서술형·논술형 문제

7종 공통

6 위 5번 답과 같이 생각한 까닭을 만들어지는 장소와 관련지어 쓰시오.

_____

_____

7종 공통

7 다음 중 화강암과 현무암에 대해 잘못 이야기한 친구의 이름을 쓰시오.

> 경수: 화강암은 반짝이는 알갱이가 있어.
> 신우: 제주도나 울릉도에서 현무암을 볼 수 있어.
> 정민: 현무암은 대체로 밝은 바탕에 검은색 알갱이가 보여.

(   )

7종 공통

8 다음 중 땅속의 높은 열을 이용하여 얻은 화산 활동의 이로운 점을 두 가지 고르시오. (,   )

①
🔺 온천을 개발함.

②
🔺 산불을 발생시킴.

③
🔺 지열을 발전시킴.

④
🔺 화산재가 농작물을 덮음.

7종 공통

9 다음 보기 에서 화산 활동이 우리 생활에 주는 이로운 점으로 옳은 것을 골라 기호를 쓰시오.

> **보기**
> ㉠ 화산 암석 조각을 이용하여 온천 개발에 활용합니다.
> ㉡ 땅속의 높은 열은 마을이나 농경지를 덮거나 산불을 발생시킵니다.
> ㉢ 화산재는 시간이 지나면 땅을 기름지게 하여 농작물이 잘 자라게 해 줍니다.

(   )

7종 공통

10 다음 중 화산 활동이 우리 생활에 미치는 영향으로 옳지 않은 것은 어느 것입니까? (   )

① 용암이 산불을 발생시킨다.
② 용암이 마을이나 농경지를 덮는다.
③ 화산재의 영향으로 항공기의 운항이 어렵다.
④ 화산 분출물의 영향으로 호흡기 질병이 나타난다.
⑤ 화산 분출물이 날씨의 변화에 영향을 주지만, 동·식물에게는 피해를 주지 않는다.

7종
검정 교과서
단원 평가

핵심 정리

🐚 **지진**: 땅이 끊어지면서 흔들리는 것입니다.

천재

🐚 지진 발생 모형실험

① 양손으로 우드록을 수평 방향으로 밀기

양손으로
미는 힘

우드록

② 우드록에 나타나는 변화와 손의 느낌: 우드록이 점점
휘어지다가 계속 밀면 소리를 내며 끊어지고, 손에
떨림이 느껴집니다.

우드록이 끊어지는 과정

🐚 지진 발생 모형실험과 실제 자연 현상 비교

지진 발생 모형실험	실제 자연 현상
우드록	땅
양손으로 미는 힘	지구 내부에서 작용하는 힘
우드록이 끊어질 때의 떨림	지진
우드록이 짧은 시간 동안 작용하는 작은 힘에 의해 끊어짐.	땅이 오랜 시간 동안 지구 내부에서 작용하는 큰 힘에 의해 끊어짐.

▼

같은 점: 둘 다 미는 힘이 작용하여 우드록이나 땅이 끊어
지고, 이로 인해 떨림이 나타남.

🐚 지진이 발생하는 까닭: 땅이 지구 내부에서 작용하는
힘을 오랫동안 받아 끊어져서 발생합니다.

3 지진

천재

1 다음은 지진에 대한 설명입니다. ☐ 안에 공통으로
들어갈 말로 알맞은 것은 어느 것입니까? (   )

☐이/가 지구 내부에서 작용하는 힘을
오랫동안 받을 때, ☐이/가 끊어지면서
흔들리는 것입니다.

① 땅   ② 진동   ③ 규모
④ 분화구   ⑤ 우드록

[2~6] 다음은 우드록을 이용하여 지진 발생 모형실험을 하는
모습입니다. 물음에 답하시오.

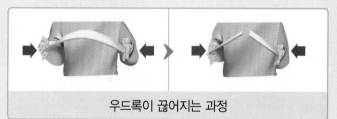

양손으로
미는 힘

우드록

7종 공통

2 다음은 위의 실험 방법에 대한 설명입니다. ☐ 안에
들어갈 알맞은 말을 쓰시오.

양손으로 우드록을 ☐ 방향으로 밀면서
우드록이 어떻게 되는지 관찰합니다.

(   )

7종 공통

3 위의 실험 결과 우드록에 나타나는 변화로 옳은 것은
어느 것입니까? (   )

① 차가워진다.
② 연기가 난다.
③ 아무 변화가 없다.
④ 휘어지다가 끊어진다.
⑤ 휘어지기만 하고, 절대 끊어지지는 않는다.

4 7종 공통

앞의 지진 발생 모형실험과 실제 자연 현상에 대해 바르게 말한 친구의 이름을 쓰시오.

> 돈길: 우드록은 실제 자연 현상에서 땅을 의미해.
> 주영: 양손으로 우드록을 계속 밀어도 우드록에 변화가 없어.
> 은수: 우드록이 끊어질 때의 떨림은 실제 자연 현상에서 지구 내부로부터 작용하는 힘을 의미해.

(   )

5 7종 공통

실제 자연 현상인 지진은 지진 발생 모형실험에서 무엇에 해당합니까? (   )

① 땅
② 우드록
③ 양손으로 미는 힘
④ 우드록이 끊어질 때의 떨림
⑤ 지구 내부에서 작용하는 힘

6 7종 공통

다음은 앞의 실험에서 우드록에 힘이 작용하는 시간에 대한 설명입니다. (   ) 안의 알맞은 말에 ○표를 하시오.

> 우드록에 (짧은 / 오랜) 시간 동안 양손으로 미는 힘이 작용하여 우드록이 끊어집니다.

7 7종 공통

다음 보기 에서 지진에 대한 설명으로 옳지 <u>않은</u> 것을 골라 기호를 쓰시오.

> 보기
> ㉠ 땅이 끊어지면서 흔들리는 것입니다.
> ㉡ 화산 활동이 일어날 때만 지진이 발생합니다.
> ㉢ 지진이 발생하면 건물이나 도로가 무너집니다.

(   )

8 동아

다음은 흔들림 지진판으로 지진 발생 실험을 하는 모습입니다. 실험에 대한 설명으로 옳은 것은 어느 것입니까? (   )

① 블록은 실제 자연 현상에서 땅을 의미한다.
② 지진판을 흔들어도 블록에 아무 변화가 없다.
③ 지진판을 약하게 흔들면 블록이 조금 흔들린다.
④ 지진판을 흔들지 않아도 블록이 모두 무너진다.
⑤ 지진판을 세게 흔들면 블록이 무너졌다가 다시 쌓인다.

> 서술형·논술형 문제   7종 공통

9 다음과 같이 지진이 발생하는 까닭을 쓰시오.

_____

_____

10 7종 공통

다음 중 지진이 발생하는 원인으로 가장 알맞은 것은 어느 것입니까? (   )

① 태풍이 불 때
② 폭설이 내릴 때
③ 일교차가 클 때
④ 계절이 변화할 때
⑤ 지하 동굴이 무너질 때

과학

7종
검정 교과서 **단원평가**

핵심 정리

🐚 지진의 세기

① 규모: 지진의 세기를 나타내며, 숫자가 클수록 강한 지진이고 피해 정도도 커집니다.

② 규모가 큰 지진이 발생하면 건물이나 도로 등이 무너져서 인명 및 재산 피해가 발생할 수 있습니다.

→ 지진 발생 지역, 발생 연도, 규모, 피해 내용 등을 조사합니다.

🐚 지진 피해 사례 조사를 통해 알게 된 점

△ 재산 피해(포항, 2017년)

△ 인명 피해(터키, 2011년)

① 최근 우리나라에서도 규모가 큰 지진이 발생하였습니다.

② 세계 여러 곳에서 지진이 발생하여 인명 및 재산 피해가 일어났습니다.

🐚 지진 발생 시 대처 방법

학교 안	책상 아래로 들어가 몸과 머리를 보호함.
열차 안	손잡이나 기둥을 잡아 넘어지지 않도록 함.
산	산에서 되도록 빨리 내려오고, 산사태에 주의함.
건물 안	승강기 대신 계단을 이용하여 빠르게 밖으로 나감.
건물 밖	머리를 보호하고 건물과 벽 주변에서 떨어짐.
승강기 안	모든 층의 버튼을 눌러 가장 먼저 열리는 층에서 내린 후 계단을 이용함.

4 지진 피해 사례 / 지진 대처 방법

7종 공통

1 다음 중 지진의 세기를 나타내는 단위로 옳은 것은 어느 것입니까? (   )

① 크기   ② 숫자   ③ 규모
④ 세기   ⑤ 진동

7종 공통

2 다음 중 지진 피해 사례를 알아볼 때 조사할 내용으로 옳은 것을 두 가지 고르시오. (,   )

① 습도   ② 기온   ③ 규모
④ 강수량   ⑤ 지진 피해 내용

7종 공통

3 다음은 승강기 안에서 지진 발생 시 대처 방법에 대한 설명입니다. ☐ 안에 들어갈 알맞은 말을 쓰시오.

> 모든 층의 버튼을 눌러 가장 [   ] 열리는 층에서 내린 후 계단을 이용합니다.

(   )

7종 공통

4 다음 중 학교 안에서 지진 발생 시 대처 방법으로 옳은 것은 어느 것입니까? (   )

① 책상 옆에서 몸을 보호한다.
② 책상 아래에서 머리를 보호한다.
③ 선생님의 지시를 따르지 않는다.
④ 최대한 높은 장소로 올라가서 대피한다.
⑤ 흔들림이 약하면, 승강기를 이용하여 빠르게 대피한다.

1 물의 이동 과정

핵심 정리

🍚 물의 이동 과정 알아보기
천재

① 물의 상태 변화와 이동 과정을 알아보기 위한 실험 장치 꾸미기

> **1** 플라스틱 컵 바닥에 젖은 모래를 비스듬히 눌러 담고, 벽면을 따라 물을 천천히 붓기
> **2** 모래 위에 조각 얼음을 올려놓기
> **3** 컵 뚜껑을 뒤집어 구멍을 랩으로 덮어 막고 조각 얼음 일곱 개를 넣은 뒤 플라스틱 컵 위에 올려놓기

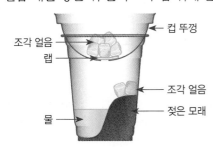

> **4** 열 전구 스탠드를 플라스틱 컵에서 약 20 cm 정도 떨어진 곳에 놓고, 불을 켜기

② 플라스틱 컵 안에서 일어나는 변화 관찰하기 예

실험 시간	실험 결과
5분 후	• 모래 위의 얼음이 모두 녹음. • 컵 안쪽 벽면에 김이 서리기 시작함.
10분 후	컵 안쪽 뚜껑 밑면과 컵 안쪽 벽면에 물방울이 맺힘.
15분 후	• 컵 안쪽 벽면에 전체적으로 김이 서림. • 컵 안쪽 뚜껑 밑면의 물방울들이 커짐.
시간이 더 흐른 후	컵 내부가 뿌옇게 흐려지고, 컵 안쪽 뚜껑 밑면에 큰 물방울들이 많이 맺힘.

③ 플라스틱 컵 안을 관찰하여 알 수 있는 점
• 고체 상태의 얼음이 녹아 모래로 스며듭니다.
• 액체 상태의 물이 기체 상태의 수증기로 변해 공기 중으로 올라가고 수증기가 차가운 컵 뚜껑 밑면이나 벽면에 닿으면 물로 변해 아래로 이동합니다.

[1~10] 다음은 물의 이동 과정을 알아보는 실험입니다. 물음에 답하시오.

> **1** 플라스틱 컵 바닥에 젖은 모래를 비스듬히 눌러 담고, 벽면을 따라 물을 천천히 붓기
> **2** 모래 위에 조각 얼음을 올려놓기
> **3** 컵 뚜껑을 뒤집어 구멍을 랩으로 덮어 막고 조각 얼음 일곱 개를 넣은 뒤 플라스틱 컵 위에 올려놓기

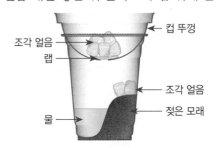

> **4** 열 전구 스탠드를 플라스틱 컵에서 약 20 cm 정도 떨어진 곳에 놓고, 불을 켠 후 컵 안에서 일어나는 변화 관찰하기

천재

1 다음 보기 에서 위 실험 장치를 꾸미기 위해 필요한 준비물이 <u>아닌</u> 것을 골라 기호를 쓰시오.

> **보기**
> ㉠ 모래
> ㉡ 온도계
> ㉢ 얼음 조각
> ㉣ 플라스틱 컵과 뚜껑

(   )

천재

2 다음 중 위 실험에 대해 바르게 이야기한 친구를 골라 이름을 쓰시오.

> 현진: 열 전구 스탠드의 열로 인해서 모래 위의 얼음이 녹아.
> 수민: 모래 위에 있는 얼음은 열 전구 스탠드의 열에 영향을 받지 않아.

(   )

과
학

3 앞의 실험에서 물이 고체 상태로 존재하는 곳은 어느 것입니까? (   )

천재

① 모래 속
② 모래 위
③ 플라스틱 컵 바닥
④ 플라스틱 컵 안쪽 벽
⑤ 플라스틱 컵 바깥쪽 벽

4 앞의 실험에서 열 전구 스탠드를 켜고 약 5분이 지났을 때 플라스틱 컵 안에서 일어나는 변화로 옳지 않은 것을 보기에서 골라 기호를 쓰시오.

천재

> 보기
> ㉠ 모래 위의 얼음이 모두 녹았습니다.
> ㉡ 컵 안쪽 벽면에 김이 서리기 시작합니다.
> ㉢ 플라스틱 컵 안의 물의 양이 줄어들었습니다.

(   )

5 다음 중 앞의 실험에서 관찰할 수 없는 모습은 어느 것입니까? (   )

천재

① 컵 안의 물이 어는 모습
② 모래 위의 얼음이 녹는 모습
③ 컵 내부가 뿌옇게 흐려진 모습
④ 컵 안쪽 벽면에 물방울이 맺힌 모습
⑤ 컵 안쪽 뚜껑 밑면에 물방울이 맺힌 모습

6 앞의 실험에 대한 설명에 맞게 □ 안에 들어갈 알맞은 말을 쓰시오.

천재

> 물의 이동 과정을 알아보는 실험으로 물의 □ 변화도 알 수 있습니다.

(   )

7 앞의 실험에서 관찰할 수 있는 물의 상태가 변하는 모습을 쓰시오.

서술형·논술형 문제
천재

_____

_____

8 앞의 실험에서 응결 현상이 일어나는 모습으로 옳은 것은 어느 것입니까? (   )

천재

① 얼음이 점점 커지는 모습
② 물이 모래로 스며드는 모습
③ 모래 위의 얼음이 녹는 모습
④ 컵 안쪽 뚜껑 밑면의 물방울이 떨어지는 모습
⑤ 컵 안의 수증기가 차가운 컵 뚜껑의 밑면이나 벽면에 닿으면 물로 변하는 모습

9 앞의 실험에서 컵 안의 물이 열 전구 스탠드의 열로 인해 수증기로 변하는 현상을 무엇이라고 합니까? (   )

천재

① 응결
② 증발
③ 이슬
④ 회전
⑤ 이동

10 앞의 실험에서 열 전구 스탠드를 태양이라고 하고 컵 안을 지구라고 할 때, 컵 안의 얼음이 나타내는 것을 골라 기호를 쓰시오.

천재

㉠
⬆ 비

㉡
⬆ 빙하

(   )

② 물의 순환

핵심 정리

🌀 물의 순환 과정

① 물의 순환: 물이 기체, 액체, 고체로 상태를 바꾸며 육지, 바다, 공기, 생명체 사이를 끊임없이 돌고 도는 과정

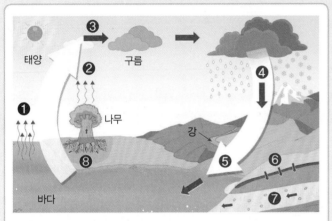

❶ 바다, 강, 땅 등에 있는 물이 증발하여 수증기가 됨.
❷ 식물의 잎에서 수증기가 나옴.
❸ 수증기가 응결하여 구름이 됨.
❹ 비나 눈이 되어 땅으로 내림.
❺ 강물이 바다로 흐름.
❻ 물이 땅속으로 스며듦.
❼ 땅속에는 지하수가 흐름.
❽ 식물의 뿌리가 땅속의 물을 빨아들임.

② 물이 머무는 장소에 따른 물의 상태

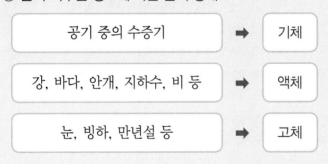

공기 중의 수증기	➡	기체
강, 바다, 안개, 지하수, 비 등	➡	액체
눈, 빙하, 만년설 등	➡	고체

🌀 물의 순환 과정에서 지구 전체 물의 양 변화:
지구에서 끊임없이 순환하는 물은 새로 생기거나 없어지지 않고 기체, 액체, 고체로 상태만 변하기 때문에 지구 전체에 있는 물의 양은 항상 일정합니다.

---

1 다음은 물의 순환에 대한 설명입니다. ㉠, ㉡에 들어갈 알맞은 말을 쓰시오.

7종 공통

> 물이 기체, 액체, 고체로 ㉠ 을/를 바꾸며 육지와 바다, 공기, 생명체 사이를 끊임없이 ㉡ 과정을 물의 순환이라고 합니다.

㉠ (   ) ㉡ (   )

2 다음 중 구름에서 비가 되어 내릴 때 비의 물의 상태와 그 상태일 때의 예를 바르게 짝지은 것은 어느 것입니까?

7종 공통

(   )

	비의 상태	예		비의 상태	예
①	고체	강	②	고체	지하수
③	액체	바닷물	④	액체	만년설
⑤	기체	수증기			

3 다음 보기 에서 물의 순환 과정에 대한 설명으로 옳은 것을 골라 기호를 쓰시오.

7종 공통

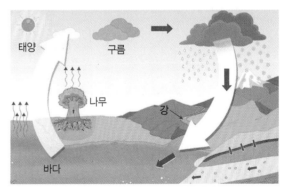

보기

㉠ 수증기가 증발하면 구름이 됩니다.
㉡ 바닷물이 증발하여 공기 중의 수증기가 됩니다.
㉢ 나무가 흡수한 물은 공기 중으로 이동할 수 없습니다.

(   )

과학

[4~8] 다음은 물의 순환 과정입니다. 물음에 답하시오.

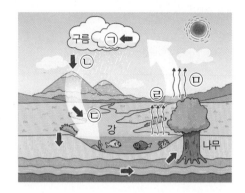

4 위 ㉠~㉤ 중 수증기가 응결하여 만들어지는 것의 기호를 쓰시오.

( )

5 위 ㉠~㉤ 중 기체 상태의 물끼리 바르게 짝지은 것은 어느 것입니까? ( )

① ㉠, ㉡ ② ㉡, ㉢
③ ㉢, ㉣ ④ ㉣, ㉤
⑤ ㉠, ㉢, ㉣

6 위 ㉤은 식물의 어느 부분을 통해 나오는 것인지 다음 보기 에서 골라 쓰시오.

보기
잎, 뿌리

( )

7 다음 보기 에서 위의 물의 순환 과정에 대한 설명으로 옳은 것을 골라 기호를 쓰시오.

보기
㉠ 나무의 뿌리는 액체 상태의 물을 흡수합니다.
㉡ 강물은 이동하지 않고 땅속으로 스며듭니다.
㉢ 땅에 있는 물은 증발하지만 바닷물은 증발하지 않습니다.

( )

8 다음 중 앞의 물의 순환 과정을 통해 알 수 있는 점을 바르게 말한 친구의 이름을 쓰시오.

가영: 물은 한 곳에만 머물러.
나은: 물의 순환은 한 번만 일어나.
도진: 물은 순환하면서 새로 생기거나 없어지지 않아.

( )

9 다음은 물방울이 이동하는 모습입니다. 물방울에 대한 설명으로 옳지 <u>않은</u> 것은 어느 것입니까? ( )

① 물방울은 이동하면서 없어진다.
② 다양한 곳에서 물방울을 볼 수 있다.
③ 물방울은 상태가 변하면서 이동한다.
④ 물방울이 강에서 땅속으로 흐를 때는 액체 상태이다.
⑤ 물방울이 땅속에서 식물의 뿌리로 이동할 때는 액체 상태이다.

📦 서술형·논술형 문제

10 바다에 있는 물이 증발하거나, 땅속으로 물이 스며들어도 지구 전체에 있는 물의 양이 항상 일정한 까닭을 쓰시오.

_____

_____

③ 물의 중요성 / 물 부족 현상 해결 방법

핵심 정리

🍃 물의 중요성과 이용

△ 동·식물의 생명을 유지함.

△ 전기를 만들 때 물을 이용함.

△ 농작물을 키울 때 물을 이용함.

🍃 물 부족 현상

물이 부족한 까닭	인구 증가, 산업 발달 등으로 물 이용량이 증가하고 물의 오염이 심해지기 때문임.
물 부족 현상의 결과	마실 물이 부족하고, 농작물이 잘 자라지 않음.

🍃 물 부족 현상 해결 방법

① 창의적 방법으로 물 부족 현상을 해결하기 위한 장치

와카워터

△ 공기 중의 수증기로 물을 얻음.

머니 메이커 아이스크림

△ 페달을 밟아 땅속의 물을 퍼 올림.

② 일상생활에서 물을 아껴 쓰는 방법
• 양치질할 때는 컵을 사용합니다.
• 설거지할 때는 물을 받아서 합니다.
• 손을 씻을 때는 물을 잠그고 비누칠을 합니다.

7종 공통

1 다음은 물의 중요성에 대한 설명입니다. ㉠과 ㉡에 들어갈 알맞은 말을 각각 쓰시오.

> 물은 동물과 식물의 [㉠]을/를 [㉡]하는 데 이용되기 때문에 중요합니다.

㉠ (   ) ㉡ (   )

비상

2 다음 중 물을 이용하는 경우가 <u>아닌</u> 것은 어느 것입니까?

(   )

①

△ 전기를 만들 때

②

△ 공장에서 물건을 만들 때

③

△ 철 고물을 분리할 때

④

△ 생선을 보관할 때

7종 공통

3 다음 [보기]에서 물의 이용과 관련된 설명으로 옳지 <u>않은</u> 것을 골라 기호를 쓰시오.

> **보기**
> ㉠ 농작물을 키울 때 물을 이용합니다.
> ㉡ 물은 우리 생활에 다양하게 이용됩니다.
> ㉢ 물을 이용할수록 지구 전체의 물의 양은 줄어 듭니다.

(   )

7종 공통

4 다음 중 물이 우리 생활에서 중요하다는 것을 알 수 있는 예가 <u>아닌</u> 것은 어느 것입니까? (　　　)

① 전기를 만들 때 물을 이용한다.
② 공기 중에 모인 물은 날씨 변화를 일으킨다.
③ 한꺼번에 많이 내린 비로 인해 홍수가 난다.
④ 생명체의 생명을 유지하는 데 물이 이용된다.
⑤ 빗물이 땅속으로 스며들어 식물을 자라게 한다.

7종 공통

5 다음 중 물의 이용과 관련지어 물의 중요성을 설명한 것에 ○표를 하시오.

(1) 우리는 물을 마시거나 씻을 때 이용합니다.

(　　　)

(2) 생물의 몸속에 있는 물은 생명을 유지하는 데 이용되므로 몸속에 계속 저장됩니다. (　　　)

7종 공통

6 다음 중 물의 이용에 대한 설명으로 옳은 것은 어느 것입니까? (　　　)

① 식수로 이용한 물은 증발하여 없어진다.
② 한 번 이용한 물은 다시 이용할 수 없다.
③ 물의 순환으로 이용 가능한 물은 늘어난다.
④ 우리가 이용한 물은 우리에게 다시 돌아올 수 있다.
⑤ 공장이 많아져 생활에 이용할 수 있는 깨끗한 물은 늘어난다.

7종 공통

7 다음 보기 에서 물이 부족한 까닭으로 옳지 <u>않은</u> 것을 골라 기호를 쓰시오.

보기
㉠ 가뭄이 자주 발생하기 때문입니다.
㉡ 인구가 감소하고, 어업이 발달했기 때문입니다.
㉢ 환경이 오염되어 이용 가능한 물이 줄어들었기 때문입니다.

(　　　)

7종 공통

8 다음 보기 에서 이용 가능한 물을 모으는 방법으로 옳지 <u>않은</u> 것을 골라 기호를 쓰시오.

보기
㉠ 바닷물을 그대로 식수로 사용합니다.
㉡ 빗물 저금통에 빗물을 모아 이용합니다.
㉢ 공기 중의 수증기가 응결하여 생기는 물방울을 모읍니다.

(　　　)

7종 공통

9 다음 중 물 부족 현상을 해결하기 위한 방법으로 옳지 <u>않은</u> 것은 어느 것입니까? (　　　)

① 양치할 때 컵을 사용한다.
② 세제를 많이 사용하지 않는다.
③ 빗물을 모아 화단에 물을 준다.
④ 설거지할 때 물을 받아서 한다.
⑤ 세수할 때 물을 틀어 놓고 한다.

🖊️ 서술형·논술형 문제

아이스크림

10 다음의 물 부족 현상을 해결하기 위한 장치를 어떻게 이용하는지 쓰시오.

🔺 머니 메이커

_____

_____

어느 교과서를 배우더라도

꼭 알아야 하는 **기본 문제** 구성으로

다양한 학교 평가에 완벽 대비할 수 있어요!

10종
검정 교과서

단원 평가 자료집

수학
4-2

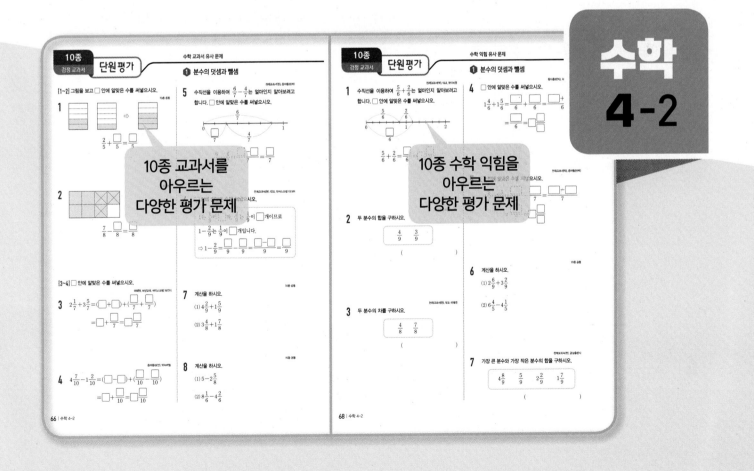

1 분수의 덧셈과 뺄셈

[1~2] 그림을 보고 ☐ 안에 알맞은 수를 써넣으시오.

10종 공통

1
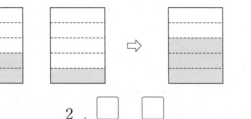

$$\frac{2}{5} + \frac{\boxed{}}{5} = \frac{\boxed{}}{5}$$

10종 공통

2
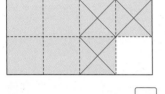

$$\frac{7}{8} - \frac{\boxed{}}{8} = \frac{\boxed{}}{8}$$

[3~4] ☐ 안에 알맞은 수를 써넣으시오.

미래엔, 비상교육, 아이스크림 미디어

3
$$2\frac{1}{7} + 3\frac{5}{7} = (\boxed{} + \boxed{}) + (\frac{\boxed{}}{7} + \frac{\boxed{}}{7})$$
$$= \boxed{} + \frac{\boxed{}}{7} = \boxed{}\frac{\boxed{}}{7}$$

동아출판(안), 와이비엠

4
$$4\frac{7}{10} - 1\frac{2}{10} = (\boxed{} - \boxed{}) + (\frac{\boxed{}}{10} - \frac{\boxed{}}{10})$$
$$= \boxed{} + \frac{\boxed{}}{10} = \boxed{}\frac{\boxed{}}{10}$$

천재교과서(한), 동아출판(박)

5 수직선을 이용하여 $\frac{6}{7} - \frac{4}{7}$ 는 얼마인지 알아보려고 합니다. ☐ 안에 알맞은 수를 써넣으시오.

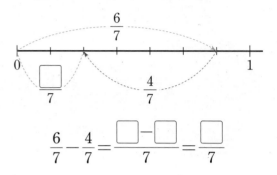

$$\frac{6}{7} - \frac{4}{7} = \frac{\boxed{} - \boxed{}}{7} = \frac{\boxed{}}{7}$$

천재교과서(한), 대교, 아이스크림 미디어

6 ☐ 안에 알맞은 수를 써넣으시오.

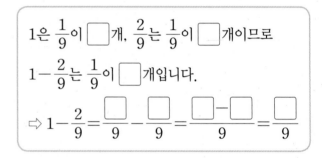

1은 $\frac{1}{9}$ 이 ☐ 개, $\frac{2}{9}$ 는 $\frac{1}{9}$ 이 ☐ 개이므로

$1 - \frac{2}{9}$ 는 $\frac{1}{9}$ 이 ☐ 개입니다.

$$\Rightarrow 1 - \frac{2}{9} = \frac{\boxed{}}{9} - \frac{\boxed{}}{9} = \frac{\boxed{} - \boxed{}}{9} = \frac{\boxed{}}{9}$$

10종 공통

7 계산을 하시오.

(1) $4\frac{2}{9} + 1\frac{5}{9}$

(2) $3\frac{4}{8} + 1\frac{7}{8}$

10종 공통

8 계산을 하시오.

(1) $5 - 2\frac{5}{8}$

(2) $8\frac{1}{6} - 4\frac{2}{6}$

9 계산 결과를 찾아 이으시오.   대교

$2\frac{3}{7}+3\frac{4}{7}$ ·

· 7

$4\frac{1}{5}+2\frac{4}{5}$ ·

· 6

10 빈칸에 알맞은 분수를 써넣으시오.   천재교과서(한), 미래엔

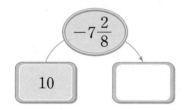

11 가장 큰 수와 가장 작은 수의 차를 구하시오.   미래엔

$1\frac{6}{10}$ $3\frac{5}{10}$ $2\frac{9}{10}$

(   )

12 계산 결과의 크기를 비교하여 ○ 안에 >, =, <를 알맞게 써넣으시오.   아이스크림 미디어

$2\frac{4}{6}+1\frac{3}{6}$ ○ $5\frac{1}{6}-\frac{8}{6}$

서술형·논술형 문제

13 유경이는 우유를 $\frac{3}{5}$ L씩 2컵을 마셨습니다. 유경이가 마신 우유는 모두 몇 L인지 풀이 과정을 쓰고 답을 구하시오.   천재교과서(박), 미래엔

풀이 _____

_____

_____

답 _____

14 승혁이의 몸무게는 $43\frac{2}{3}$ kg이고 은서의 몸무게는 $35\frac{1}{3}$ kg입니다. 승혁이는 은서보다 몇 kg 더 무겁습니까?   천재교과서(한), 비상교육, 와이비엠

(   )

15 소나무의 높이는 $3\frac{2}{5}$ m, 전나무의 높이는 $1\frac{4}{5}$ m입니다. 어느 나무가 몇 m 더 높습니까?   금성출판사, 비상교육

(   ), (   )

수학

1 분수의 덧셈과 뺄셈

천재교과서(박), 대교, 와이비엠

1 수직선을 이용하여 $\frac{5}{6}+\frac{2}{6}$ 는 얼마인지 알아보려고 합니다. ☐ 안에 알맞은 수를 써넣으시오.

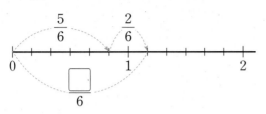

$$\frac{5}{6}+\frac{2}{6}=\frac{\boxed{}}{6}=\boxed{}\frac{\boxed{}}{6}$$

천재교과서(한), 미래엔

2 두 분수의 합을 구하시오.

$$\frac{4}{9} \qquad \frac{3}{9}$$

( )

천재교과서(한), 대교, 미래엔

3 두 분수의 차를 구하시오.

$$\frac{4}{8} \qquad \frac{7}{8}$$

( )

동아출판(박), 아이스크림 미디어

4 ☐ 안에 알맞은 수를 써넣으시오.

$$1\frac{4}{6}+1\frac{5}{6}=\frac{\boxed{}}{6}+\frac{\boxed{}}{6}=\frac{\boxed{}+\boxed{}}{6}$$

$$=\frac{\boxed{}}{6}=\boxed{}\frac{\boxed{}}{\boxed{}}$$

천재교과서(박), 동아출판(박)

5 ☐ 안에 알맞은 수를 써넣으시오.

$$4\frac{2}{7}-2\frac{5}{7}=\frac{\boxed{}}{7}-\frac{\boxed{}}{7}=\frac{\boxed{}-\boxed{}}{7}$$

$$=\frac{\boxed{}}{7}=\boxed{}\frac{\boxed{}}{\boxed{}}$$

10종 공통

6 계산을 하시오.

(1) $2\frac{6}{9}+3\frac{2}{9}$

(2) $6\frac{4}{5}-4\frac{1}{5}$

천재교과서(한), 금성출판사

7 가장 큰 분수와 가장 작은 분수의 합을 구하시오.

$$4\frac{8}{9} \qquad \frac{5}{9} \qquad 2\frac{2}{9} \qquad 1\frac{7}{9}$$

( )

동아출판(안), 아이스크림 미디어

8 계산 결과가 2와 3 사이인 뺄셈식에 ○표 하시오.

$4-2\dfrac{1}{3}$	$5-\dfrac{10}{7}$	$4-1\dfrac{5}{6}$

아이스크림 미디어, 와이비엠

9 빈칸에 알맞은 대분수를 써넣으시오.

천재교과서(박), 와이비엠

10 빈칸에 알맞은 수를 써넣으시오.

천재교과서(한), 미래엔

11 분모가 7인 진분수가 2개 있습니다. 합이 $\dfrac{6}{7}$, 차가 $\dfrac{2}{7}$인 두 진분수를 구하시오.

(   ), (   )

천재교과서(박), 금성출판사, 미래엔

12 물통에 들어 있는 물 중에서 $1\dfrac{4}{5}$ L를 보온병에 옮겨 담았더니 $\dfrac{3}{5}$ L가 남았습니다. 처음에 물통에 들어 있던 물은 몇 L입니까?

(   )

대교, 비상교육, 아이스크림 미디어

13 집에서 학교까지의 거리는 $2\dfrac{1}{8}$ km이고 학교에서 서점까지의 거리는 $1\dfrac{3}{8}$ km입니다. 집에서 학교까지의 거리는 학교에서 서점까지의 거리보다 몇 km 더 멉니까?

(   )

🖥 서술형·논술형 문제

금성출판사

14 주스 1 L를 주아는 $\dfrac{3}{10}$ L, 유준이는 $\dfrac{2}{10}$ L 마셨습니다. 남은 주스가 몇 L인지 풀이 과정을 쓰고 답을 구하시오.

풀이 _____

_____

_____

답 _____

천재교과서(박)

15 밀가루가 $2\frac{3}{4}$ kg 있습니다. 빵 한 개를 만드는 데 밀가루 $1\frac{1}{4}$ kg이 필요합니다. 빵을 몇 개까지 만들 수 있고, 남는 밀가루는 몇 kg입니까?

만들 수 있는 빵 (   )

남는 밀가루 (   )

대교, 비상교육, 와이비엠

16 ☐ 안에 들어갈 수 있는 자연수를 모두 쓰시오.

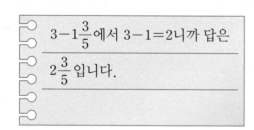

$$\frac{2}{6}+\frac{\square}{6}<1\frac{1}{6}$$

(   )

🔖 서술형·논술형 문제

천재교과서(박), 천재교과서(한)

17 다음은 수정이가 계산한 것입니다. 틀린 부분을 찾아 바르게 고치시오.

> $3-1\frac{3}{5}$에서 $3-1=2$니까 답은
> $2\frac{3}{5}$입니다.

_____

_____

_____

천재교과서(박)

18 분모가 10인 두 가분수의 합이 $3\frac{7}{10}$인 덧셈식을 3개 쓰시오. (단, $\frac{19}{10}+\frac{18}{10}$과 $\frac{18}{10}+\frac{19}{10}$는 같은 덧셈식으로 생각합니다.)

(   )

천재교과서(박)

19 두 수를 골라 ☐ 안에 써넣어 계산 결과가 가장 작은 뺄셈식을 만들고 계산하시오.

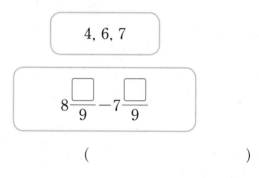

4, 6, 7

$$8\frac{\square}{9}-7\frac{\square}{9}$$

(   )

천재교과서(한), 금성출판사, 동아출판(안), 대교

20 길이가 $2\frac{4}{7}$ m인 색 테이프 2장을 $\frac{2}{7}$ m만큼 겹쳐서 이어 붙였습니다. 이어 붙인 색 테이프의 전체 길이는 몇 m인지 구하시오.

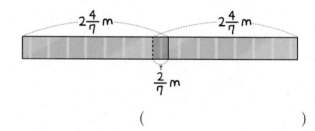

$2\frac{4}{7}$ m $2\frac{4}{7}$ m

$\frac{2}{7}$ m

(   )

2 삼각형

천재교과서(한), 금성출판사

1 이등변삼각형을 찾아 기호를 쓰시오.

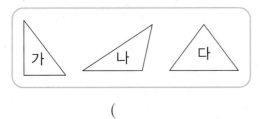

(   )

동아출판(안), 미래엔, 와이비엠

2 ☐ 안에 알맞은 말을 써넣으시오.

정삼각형은 ☐ 각의 크기가 모두 같습니다.

미래엔, 아이스크림 미디어

3 도형을 보고 알맞은 말에 ○표 하고, ☐ 안에 알맞은 말을 써넣으시오.

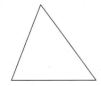

(한 , 두 , 세) 각이 모두 예각인 삼각형을
☐☐☐☐☐☐ 이라고 합니다.

[4~5] 도형을 보고 물음에 답하시오.

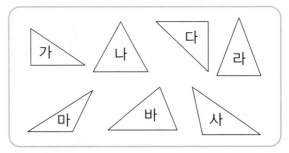

천재교과서(박), 동아출판(박)

4 예각삼각형을 모두 찾아 기호를 쓰시오.

(   )

천재교과서(박), 금성출판사

5 둔각삼각형을 모두 찾아 기호를 쓰시오.

(   )

수
학

[6~7] ☐ 안에 알맞은 수를 써넣으시오.

10종 공통

6 이등변삼각형

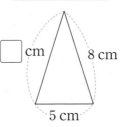

☐ cm   8 cm

5 cm

천재교과서(한), 동아출판(안), 대교, 미래엔

7 정삼각형

☐ cm

7 cm

☐ cm

천재교과서(한), 비상교육, 아이스크림 미디어

8 주어진 선분을 한 변으로 하는 이등변삼각형을 그리시오.

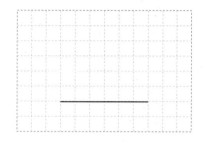

천재교과서(박), 대교

9 각도기와 자를 이용하여 정삼각형을 그리시오.

금성출판사, 비상교육, 와이비엠

10 다음 도형은 이등변삼각형입니다. ☐ 안에 알맞은 수를 써넣으시오.

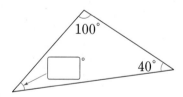

대교, 미래엔

11 세 각의 크기가 다음과 같은 삼각형이 있습니다. 예각삼각형과 둔각삼각형 중 무엇인지 쓰시오.

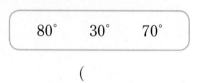

80°   30°   70°

(   )

대교

12 직사각형 모양의 종이를 선을 따라 잘랐습니다. 둔각삼각형은 모두 몇 개 생깁니까?

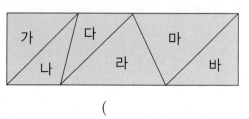

가   다   마
나   라   바

(   )

천재교과서(박), 비상교육

13 오른쪽 삼각형의 이름으로 알맞은 것을 모두 찾아 기호를 쓰시오.

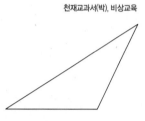

㉠ 이등변삼각형   ㉡ 정삼각형
㉢ 예각삼각형   ㉣ 둔각삼각형

(   )

📋 서술형·논술형 문제

동아출판(박), 대교

14 오른쪽 도형이 이등변삼각형이 아닌 까닭을 쓰시오.

60°
70°

_____

_____

동아출판(박)

15 미선이는 철사를 이용하여 다음과 같은 삼각형을 만들려고 합니다. 삼각형을 만드는 데 철사는 적어도 몇 cm 필요합니까?

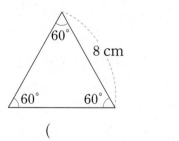

60°
8 cm
60°   60°

(   )

2 삼각형

천재교과서(한), 미래엔, 비상교육

[1~4] 도형을 보고 물음에 답하시오.

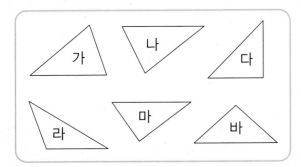

10종 공통

1 이등변삼각형을 모두 찾아 기호를 쓰시오.

(   )

천재교과서(한), 금성출판사, 동아출판(안)

2 예각삼각형을 모두 찾아 기호를 쓰시오.

(   )

대교, 미래엔, 비상교육, 와이비엠

3 둔각삼각형을 모두 찾아 기호를 쓰시오.

(   )

천재교과서(박), 아이스크림 미디어

4 삼각형을 분류하여 기호를 쓰시오.

	예각삼각형	직각삼각형	둔각삼각형
이등변삼각형			
세 변의 길이가 모두 다른 삼각형			

5 정삼각형을 찾아 기호를 쓰시오.

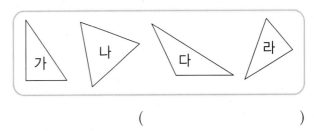

(   )

천재교과서(박), 동아출판(안), 비상교육

6 다음 도형은 이등변삼각형입니다. ☐ 안에 알맞은 수를 써넣으시오.

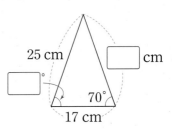

천재교과서(박), 미래엔

7 다음 도형은 정삼각형입니다. ☐ 안에 알맞은 수를 써넣으시오.

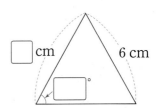

10종 공통

8 다음 도형은 이등변삼각형입니다. ☐ 안에 알맞은 수를 써넣으시오.

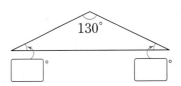

9 예각삼각형을 그리시오.

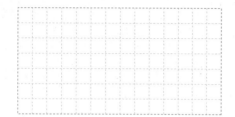

동아출판(박), 대교, 아이스크림 미디어

10 보기 에서 설명하는 도형을 그리시오.

천재교과서(박), 천재교과서(한)

보기
• 변이 3개입니다.
• 두 변의 길이가 같습니다.
• 한 각이 둔각입니다.

서술형·논술형 문제

11 두 삼각형의 같은 점과 다른 점을 쓰시오.

금성출판사, 비상교육

같은 점 _____

_____

다른 점 _____

_____

[12~13] 도형판에 삼각형을 만들었습니다. 물음에 답하시오.

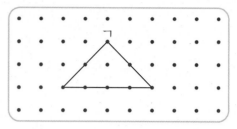

천재교과서(박), 천재교과서(한)

12 점 ㄱ을 왼쪽으로 두 칸 움직이면 어떤 삼각형이 됩니까?

(   )

천재교과서(박), 천재교과서(한)

13 점 ㄱ을 오른쪽으로 네 칸 움직이면 어떤 삼각형이 됩니까?

(   )

천재교과서(한), 아이스크림 미디어

14 삼각형의 세 변의 길이를 나타낸 것입니다. 변의 길이에 따라 분류했을 때 이 삼각형은 어떤 삼각형입니까?

5 cm   9 cm   9 cm

(   )

동아출판(박), 미래엔, 와이비엠

15 삼각형의 이름이 될 수 <u>없는</u> 것을 모두 고르시오.

(   )

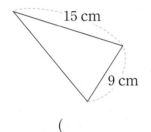

① 이등변삼각형   ② 정삼각형

③ 예각삼각형   ④ 둔각삼각형

⑤ 직각삼각형

미래엔

16 다음 도형은 이등변삼각형입니다. 세 변의 길이의 합을 구하시오.

15 cm

9 cm

(   )

🔖 서술형·논술형 문제   천재교과서(박), 금성출판사

17 길이가 42 cm인 철사를 남기거나 겹치는 부분이 없도록 구부려서 정삼각형을 한 개 만들었습니다. 정삼각형의 한 변의 길이는 몇 cm인지 풀이 과정을 쓰고 답을 구하시오.

풀이 _____

_____

_____

답 _____

천재교과서(한), 아이스크림 미디어

18 삼각형의 세 각 중에서 두 각의 크기입니다. 이등변삼각형이 될 수 있는 것을 찾아 기호를 쓰시오.

㉠ 70°, 50°   ㉡ 40°, 90°
㉢ 35°, 110°   ㉣ 120°, 20°

(   )

동아출판(안)

19 삼각형의 일부가 지워졌습니다. 이 삼각형은 어떤 삼각형인지 쓰시오.

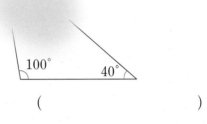

100°   40°

(   )

금성출판사

20 삼각형 ㄱㄴㄷ은 이등변삼각형이고 삼각형 ㄱㄷㄹ은 정삼각형입니다. 각 ㄱㄴㄷ의 크기를 구하시오.

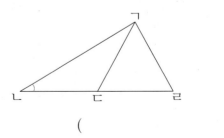

(   )

10종
검정 교과서

단원 평가

❸ 소수의 덧셈과 뺄셈

천재교과서(박), 금성출판사, 와이비엠

1 모눈종이 전체 크기가 1이라고 할 때 색칠된 부분의 크기를 소수로 나타내시오.

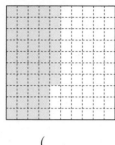

(   )

아이스크림 미디어

2 소수를 쓰시오.

이 점 사오

(   )

천재교과서(박), 동아출판(안)

3 수직선을 보고 ☐ 안에 알맞은 수를 써넣으시오.

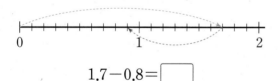

$1.7-0.8=$ ☐

천재교과서(한), 미래엔, 비상교육

4 그림을 보고 ☐ 안에 알맞은 수를 써넣으시오.

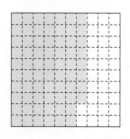

$0.36+0.32=$ ☐

10종 공통

5 ☐ 안에 알맞은 수를 써넣으시오.

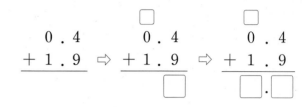

천재교과서(한), 미래엔, 와이비엠

6 7.06과 같은 수는 어느 것입니까? (   )
① 7.6   ② 7.60   ③ 7.006
④ 7.060   ⑤ 7.600

10종 공통

7 두 수의 크기를 비교하여 ◯ 안에 >, =, <를 알맞게 써넣으시오.

(1) 13.2 ◯ 1.298

(2) 0.45 ◯ 0.7

비상교육, 와이비엠

8 빈칸에 알맞은 수를 써넣으시오.

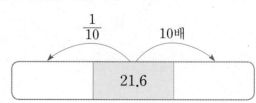

천재교과서(박), 미래엔

9 다음 소수에서 소수 셋째 자리 숫자와 그 숫자가 나타내는 수를 차례로 쓰시오.

$$17.034$$

(   ), (   )

10종 공통

10 계산을 하시오.

(1) $\begin{array}{r} 0.33 \\ + 0.36 \\ \hline \end{array}$ (2) $\begin{array}{r} 8.46 \\ + 4.25 \\ \hline \end{array}$

10종 공통

11 계산을 하시오.

(1) $\begin{array}{r} 0.97 \\ - 0.28 \\ \hline \end{array}$ (2) $\begin{array}{r} 3.91 \\ - 2.76 \\ \hline \end{array}$

천재교과서(박), 대교, 비상교육

12 10이 4개, 1이 2개, 0.1이 9개, 0.01이 7개, 0.001이 1개인 수는 얼마입니까?

(   )

아이스크림 미디어

13 다음 중 나타내는 수가 <u>다른</u> 하나는 어느 것입니까?

(   )

① 26.8의 $\dfrac{1}{10}$ ② 268의 $\dfrac{1}{100}$

③ 0.268의 10배   ④ 2.58보다 0.1만큼 더 큰 수

⑤ 268의 $\dfrac{1}{1000}$

천재교과서(박), 금성출판사

14 가장 큰 수와 가장 작은 수의 합을 구하시오.

4.93	2.87	1.85	3.76

(   )

서술형·논술형 문제

동아출판(박), 미래엔

15 잘못 계산한 곳을 찾아 까닭을 쓰고, 바르게 계산하시오.

$\begin{array}{r} 0.95 \\ + \quad 0.4 \\ \hline 0.99 \end{array}$ ⇨

까닭 _____

_____

수학

3 소수의 덧셈과 뺄셈

동아출판(박), 와이비엠

1 수직선에서 ㉮가 가리키는 수를 쓰고 읽으시오.

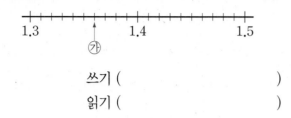

쓰기 (   )

읽기 (   )

10종 공통

2 계산을 하시오.

(1) $\begin{array}{r} 0.36 \\ +0.28 \\ \hline \end{array}$

(2) $\begin{array}{r} 2.59 \\ +3.9 \\ \hline \end{array}$

10종 공통

3 계산을 하시오.

(1) $\begin{array}{r} 9.91 \\ -5.34 \\ \hline \end{array}$

(2) $\begin{array}{r} 1.7 \\ -0.87 \\ \hline \end{array}$

대교

4 10이 5개, 1이 2개, $\frac{1}{10}$이 7개, $\frac{1}{100}$이 8개인 수를 소수로 나타내시오.

(   )

천재교과서(박)

5 다음 중 2가 나타내는 수가 가장 큰 수를 찾아 기호를 쓰시오.

㉠ 0.23	㉡ 3.482
㉢ 10.025	㉣ 2.099

(   )

비상교육, 와이비엠

6 작은 수부터 순서대로 쓰시오.

2.745	2.74	0.32	1.19

(   )

천재교과서(한), 동아출판(박), 미래엔

7 계산 결과를 비교하여 ○ 안에 >, =, <를 알맞게 써넣으시오.

$$4.6-2.8 \bigcirc 5.7-3.2$$

천재교과서(박), 대교, 비상교육

8 물병에 물이 1.2 L 들어 있었습니다. 수연이가 물병에 물을 0.8 L 더 부으면 물병에 들어 있는 물은 모두 몇 L입니까?

(   )

금성출판사, 미래엔, 아이스크림 미디어

9 어머니께서는 정육점에서 소고기 0.6 kg, 돼지고기 1.2 kg을 사셨습니다. 어머니께서는 어느 고기를 몇 kg 더 많이 사셨습니까?

(   ), (   )

비상교육, 와이비엠

10 정우는 0.68 km를 걸었고, 누나는 0.25 km를 걸었습니다. 정우와 누나가 걸은 거리는 모두 몇 km입니까?

(   )

🗃 **서술형·논술형 문제**   동아출판(박), 아이스크림 미디어

11 길이가 4.87 m인 끈이 있었습니다. 이 중 상자를 묶는 데 2.56 m를 사용했습니다. 남은 끈의 길이는 몇 m인지 풀이 과정을 쓰고 답을 구하시오.

풀이 _____

_____

_____

답 _____

천재교과서(한), 대교

12 큰 수부터 순서대로 기호를 쓰시오.

> ㉠ 42의 $\frac{1}{100}$ ㉡ 0.432의 10배
>
> ㉢ 1.08의 10배   ㉣ 4.21의 $\frac{1}{10}$

(   )

천재교과서(한), 미래엔, 비상교육

13 조건 을 만족하는 소수를 쓰고 읽으시오.

조건
- 소수 세 자리 수입니다.
- 3보다 크고 4보다 작습니다.
- 소수 첫째 자리 숫자는 0입니다.
- 소수 둘째 자리 숫자는 8입니다.
- 소수 셋째 자리 숫자는 6입니다.

쓰기 (   )
읽기 (   )

금성출판사, 동아출판(안)

14 주사약은 한 병에 0.005 L씩 들어 있습니다. 상자에 주사약 병이 100개 들어 있다면 상자에 들어 있는 주사약은 모두 몇 L입니까?

(   )

아이스크림 미디어

15 ☐ 안에 알맞은 수를 모두 더하면 얼마입니까?

> • 69.2는 6.92의 ☐ 배입니다.
> • 40은 0.04의 ☐ 배입니다.
> • 1.3은 0.013의 ☐ 배입니다.

( )

천재교과서(한), 미래엔, 와이비엠

16 두 소수의 합을 구하시오.

> • 0.1이 14개인 수
> • 일의 자리 숫자가 3이고, 소수 첫째 자리 숫자가 8인 수

( )

천재교과서(한), 대교, 비상교육

17 소수 두 자리 수의 덧셈식에 잉크가 묻어 일부분이 보이지 않습니다. ㉠, ㉡, ㉢에 알맞은 숫자를 구하시오.

$$\begin{array}{r} ㉠.5\ 4 \\ +\ 2.7\ ㉡ \\ \hline 6.㉢\ 8 \end{array}$$

㉠ ( )
㉡ ( )
㉢ ( )

천재교과서(박), 금성출판사, 아이스크림 미디어

18 카드를 한 번씩 모두 사용하여 소수 두 자리 수를 만들려고 합니다. 만들 수 있는 가장 큰 수와 가장 작은 수의 차를 구하시오.

| 3 | 6 | 9 | . |

( )

동아출판(박), 비상교육

19 현우는 물병에 있는 물을 1.09 L 마셨고, 윤수는 현우보다 0.35 L 적게 마셨습니다. 윤수가 마신 물은 몇 L입니까?

( )

📋 **서술형·논술형 문제** 10종 공통

20 ㉠이 나타내는 수는 ㉡이 나타내는 수의 몇 배인지 풀이 과정을 쓰고 답을 구하시오.

> 63.193
> ↑ ↑
> ㉠ ㉡

풀이 _____

_____

_____

_____

답 _____

4 사각형

동아출판(박), 아이스크림 미디어

1 두 직선이 만나서 이루는 각이 직각인 곳을 모두 찾아 ∟ 로 표시하시오.

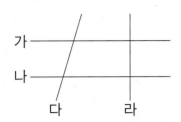

10종 공통

2 직선 가에 수직인 직선을 찾아 쓰시오.

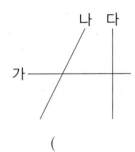

( )

천재교과서(한), 동아출판(안)

3 직선 가와 평행한 직선을 찾아 쓰시오.

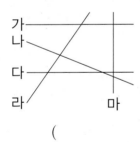

( )

금성출판사, 와이비엠

4 도형을 보고 ☐ 안에 알맞게 써넣으시오.

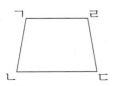

변 ㄱㄹ과 평행한 변은 변 ☐ 이고 이와 같이 평행한 변이 한 쌍이라도 있는 사각형을 ☐ 이라고 합니다.

동아출판(박), 비상교육

5 직사각형에서 서로 평행한 변을 모두 찾아 쓰시오.

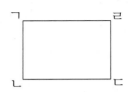

10종 공통

6 평행선 사이의 거리를 나타내는 선분을 찾아 기호를 쓰시오.

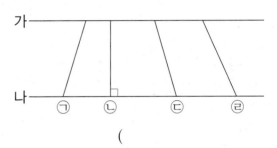

( )

동아출판(안), 와이비엠

7 수정이와 영민이가 삼각자를 사용하여 평행선을 그은 것입니다. 바르게 그은 사람은 누구입니까?

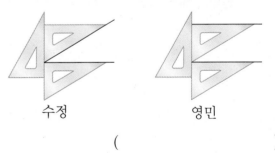

수정   영민

( )

천재교과서(박), 비상교육

8 각도기를 사용하여 주어진 직선에 대한 수선을 그으시오.

10종 공통

9 평행선 사이의 거리는 몇 cm인지 재어 보시오.

(   )

천재교과서(박), 천재교과서(한), 동아출판(박), 미래엔

10 다음 도형은 평행사변형입니다. ☐ 안에 알맞은 수를 써넣으시오.

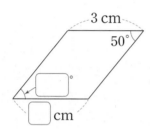

천재교과서(박), 미래엔, 아이스크림 미디어

11 마름모에서 각 ㄴㄷㄹ의 크기는 몇 도입니까?

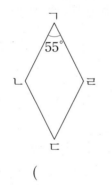

(   )

10종 공통

12 점 ㄱ을 지나고 직선 ㄴㄷ과 평행한 직선을 그으시오.

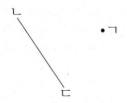

금성출판사, 동아출판(안), 비상교육

13 다음 도형은 정사각형입니까? 그렇게 생각한 까닭을 쓰시오.

답 _____

까닭 _____

_____

동아출판(박), 동아출판(안), 아이스크림 미디어

14 사다리꼴을 완성하시오.

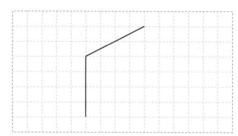

서술형·논술형 문제

동아출판(안), 대교, 아이스크림 미디어

15 다음 도형은 평행사변형입니다. 각 ㄴㄱㄹ의 크기는 몇 도인지 풀이 과정을 쓰고 답을 구하시오.

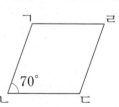

풀이 _____

_____

_____

_____

답 _____

10종
검정 교과서 **단원평가**

④ **사각형**

금성출판사, 비상교육, 아이스크림 미디어

1 서로 수직인 변이 있는 도형을 모두 찾아 기호를 쓰시오.

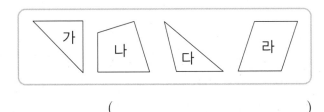

(   )

아이스크림 미디어

2 도형에서 서로 평행한 변은 모두 몇 쌍입니까?

(   )

[3~4] 도형을 보고 물음에 답하시오.

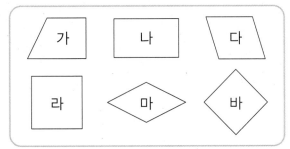

천재교과서(박), 아이스크림 미디어

3 직사각형을 모두 찾아 기호를 쓰시오.

(   )

천재교과서(박), 아이스크림 미디어

4 정사각형을 모두 찾아 기호를 쓰시오.

(   )

금성출판사, 동아출판(박)

5 도형판에 있는 사각형의 한 꼭짓점 ㄹ만 옮겨서 평행사변형이 되도록 만들려고 합니다. 점 ㄹ을 어느 점으로 옮겨야 합니까? (   )

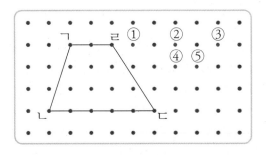

천재교과서(한), 금성출판사, 대교, 비상교육

6 직사각형 모양 종이를 선을 따라 잘랐습니다. 잘라 낸 도형 중 사다리꼴은 모두 몇 개입니까?

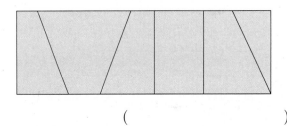

(   )

10종 공통

7 점 ㄱ을 지나고 직선 가에 수직인 직선을 그으시오.

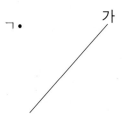

10종 공통

8 평행선 사이의 거리가 3 cm가 되도록 주어진 직선과 평행한 직선을 그으시오.

천재교과서(박), 금성출판사, 와이비엠

서술형·논술형 문제

9 다음 도형이 사다리꼴인 까닭을 쓰시오.

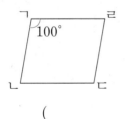

_____

_____

동아출판(안), 대교

10 평행사변형에서 각 ㄱㄴㄷ의 크기는 몇 도입니까?

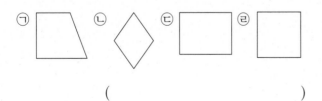

( )

동아출판(안)

11 조건을 모두 만족하는 도형을 모두 찾아 기호를 쓰시오.

조건
• 마주 보는 두 쌍의 변이 서로 평행합니다.
• 네 각의 크기가 모두 같습니다.

ㄱ ㄴ ㄷ ㄹ

( )

아이스크림 미디어

12 평행사변형에 대한 설명으로 옳지 <u>않은</u> 것은 어느 것입니까? ( )

① 마주 보는 두 변의 길이가 같습니다.
② 마주 보는 두 각의 크기가 같습니다.
③ 마주 보는 두 쌍의 변이 서로 평행합니다.
④ 네 변의 길이가 모두 같습니다.
⑤ 사다리꼴이라고 할 수 있습니다.

금성출판사, 동아출판(안), 와이비엠

13 도형에서 평행선 사이의 거리는 몇 cm입니까?

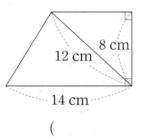

( )

동아출판(박), 동아출판(안), 미래엔

14 사각형 ㄱㄴㄷㄹ은 마름모입니다. 변 ㄱㄴ의 길이와 각 ㄴㄷㄹ의 크기를 각각 구하시오.

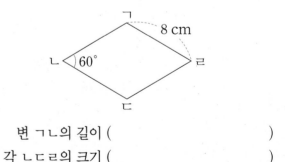

변 ㄱㄴ의 길이 ( )
각 ㄴㄷㄹ의 크기 ( )

천재교과서(박), 금성출판사, 대교, 미래엔

15 평행선이 두 쌍인 사각형을 그리시오.

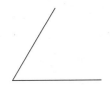

10종 공통

16 주어진 선분을 이용하여 마름모를 완성하시오.

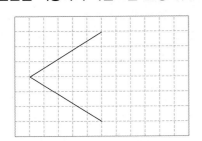

동아출판(안)

17 마름모의 네 변의 길이의 합은 몇 cm입니까?

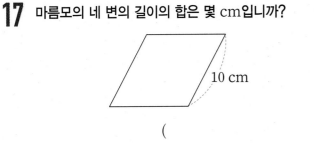

(   )

금성출판사, 대교, 와이비엠

18 평행사변형의 네 변의 길이의 합은 34 cm입니다. 변 ㄴㄷ의 길이는 몇 cm입니까?

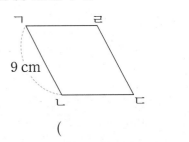

(   )

와이비엠

19 도형에서 변 ㄱㅇ과 변 ㄴㄷ은 평행합니다. 변 ㄱㅇ 과 변 ㄴㄷ 사이의 거리는 몇 cm입니까?

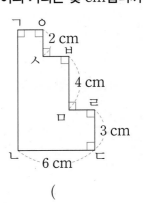

(   )

동아출판(안)

20 철사를 사용하여 한 변이 18 cm인 마름모 모양을 만들려고 합니다. 철사는 적어도 몇 cm 필요합니까?

(   )

수
학

⑤ 꺾은선그래프

[1~5] 유진이가 어느 날 거실의 온도를 조사하여 나타낸 그래프입니다. 물음에 답하시오.

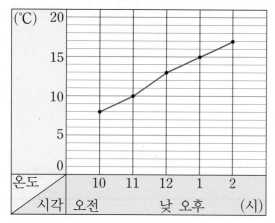

거실의 온도

대교, 비상교육, 아이스크림 미디어

1 위와 같은 그래프를 무슨 그래프라고 합니까?

( )

10종 공통

2 그래프의 가로는 무엇을 나타냅니까?

( )

천재교과서(박), 금성출판사, 동아출판(박), 대교

3 세로 눈금 한 칸은 얼마를 나타냅니까?

( )

동아출판(박), 대교, 비상교육, 아이스크림 미디어

4 꺾은선은 무엇을 나타냅니까?

( )

금성출판사, 동아출판(안), 대교

5 온도가 가장 많이 변한 때는 몇 시와 몇 시 사이입니까?

( )와 ( ) 사이

동아출판(안), 미래엔, 아이스크림 미디어

6 막대그래프와 꺾은선그래프 중 어떤 그래프로 나타내는 것이 더 좋을지 쓰시오.

(1) | 1년 동안 나의 몸무게 변화 |

( )

(2) | 반별 안경을 낀 학생 수 |

( )

[7~9] 식물의 키를 조사하여 나타낸 막대그래프와 꺾은선그래프입니다. 물음에 답하시오.

(가) 식물의 키   (나) 식물의 키

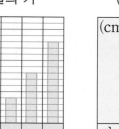 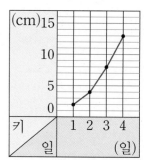

천재교과서(한), 동아출판(안), 와이비엠

7 (가)와 (나) 중 점들을 선분으로 이어 그려 키의 변화를 한눈에 알아보기 쉬운 그래프의 기호를 쓰시오.

( )

미래엔

8 식물의 키가 전날에 비해 가장 많이 자란 때는 며칠입니까?

( )

동아출판(박), 대교, 아이스크림 미디어

9 막대그래프와 꺾은선그래프의 다른 점을 쓰시오.

_____

_____

[10~12] 어느 도시의 인구수를 조사하여 나타낸 표를 보고 꺾은선그래프로 나타내려고 합니다. 물음에 답하시오.

인구수

연도(년)	2016	2017	2018	2019	2020
인구수(명)	7300	7900	8300	8500	8100

천재교과서(한), 금성출판사, 와이비엠

10 세로 눈금에 물결선은 몇 명과 몇 명 사이에 넣어야 합니까?

( )명과 ( )명 사이

10종 공통

11 꺾은선그래프로 나타내시오.

인구수

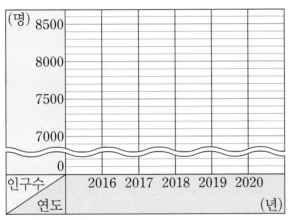

천재교과서(박), 와이비엠

12 전년도에 비해 인구수가 줄어든 때는 몇 년입니까?

( )

[13~15] 어느 회사의 에어컨 판매량을 조사하여 나타낸 꺾은선그래프입니다. 물음에 답하시오.

에어컨 판매량

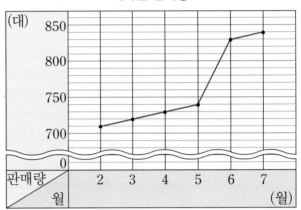

천재교과서(한), 동아출판(박)

13 에어컨 판매량이 가장 많은 때의 판매량은 몇 대입니까?

( )

동아출판(박), 대교

14 6월의 에어컨 판매량은 4월의 에어컨 판매량보다 몇 대 더 많습니까?

( )

📋 서술형·논술형 문제   천재교과서(한), 동아출판(박)

15 8월의 에어컨 판매량은 어떻게 될지 예상하고 그 까닭을 쓰시오.

답 _____

까닭 _____

대교, 미래엔

1 수량을 점으로 표시하고, 그 점들을 선분으로 이어 그린 그래프를 무엇이라고 합니까?

( )

[2~4] 한강의 수온을 조사하여 나타낸 꺾은선그래프입니다. 물음에 답하시오.

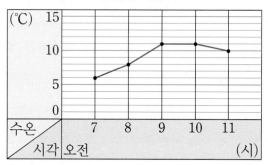

한강의 수온

아이스크림 미디어

2 그래프를 보고 표를 완성하시오.

한강의 수온

시각(오전)	7시	8시	9시	10시	11시
수온(℃)	6				

천재교과서(한), 금성출판사, 미래엔

3 수온이 가장 낮은 때는 몇 시입니까?

( )

대교

4 수온의 변화가 없는 때는 몇 시와 몇 시 사이입니까?

( )와 ( ) 사이

⑤ 꺾은선그래프

천재교과서(박), 동아출판(안)

5 어느 학교의 연도별 입학생 수가 시간의 흐름에 따라 어떻게 변하는지 비교하려면 막대그래프와 꺾은선그래프 중 어느 그래프로 나타내는 것이 더 좋겠습니까?

( )

천재교과서(박), 천재교과서(한), 동아출판(안)

6 꺾은선그래프로 나타내면 더 좋은 것을 모두 찾아 기호를 쓰시오.

> ㉠ 연도별 사과 생산량의 변화
> ㉡ 반별 책의 수
> ㉢ 좋아하는 동물별 학생 수
> ㉣ 시각별 온도

( )

동아출판(박), 동아출판(안), 아이스크림 미디어

7 혜진이가 키우는 강낭콩의 키를 조사하여 나타낸 표입니다. 강낭콩의 키의 변화를 꺾은선그래프로 그릴 때, 몇 cm까지 물결선으로 나타내는 것이 좋겠습니까?

강낭콩의 키

요일	월	화	수	목	금
키(cm)	22.3	22.9	23.1	23.5	24

( )

[8~10] 고양이의 무게를 매월 1일에 조사하여 나타낸 표를 보고 꺾은선그래프로 나타내려고 합니다. 물음에 답하시오.

고양이의 무게

월	7	8	9	10	11
무게(kg)	1.8	2	2.6	3.2	3.4

동아출판(안), 아이스크림 미디어

8 꺾은선그래프의 가로에 월을 쓴다면 세로에는 무엇을 써야 합니까?

(   )

금성출판사, 동아출판(박)

9 세로 눈금 한 칸을 얼마로 하면 좋겠습니까?

(   )

10종 공통

10 꺾은선그래프로 나타내시오.

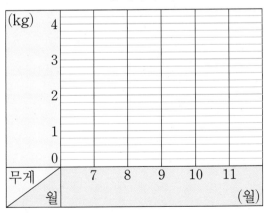

고양이의 무게

[11~13] 시은이네 학교의 연도별 졸업생 수를 조사하여 나타낸 표입니다. 물음에 답하시오.

연도별 졸업생 수

연도(년)	2014	2016	2018	2020
졸업생 수(명)	175	171	163	158

천재교과서(한), 금성출판사

11 연도별 졸업생 수를 꺾은선그래프로 나타낼 때 꼭 필요한 부분은 몇 명부터 몇 명까지입니까?

(   )부터 (   )까지

10종 공통

12 꺾은선그래프로 나타내시오.

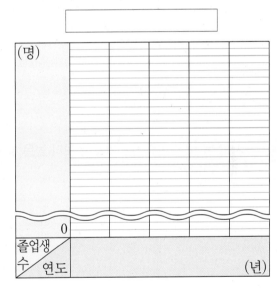

📋 서술형·논술형 문제   10종 공통

13 위 12와 같이 물결선을 사용하면 좋은 점을 쓰시오.

_____

_____

수
학

[14~17] 어느 저수지의 수면의 높이를 6일마다 한 번씩 측정하여 나타낸 꺾은선그래프입니다. 물음에 답하시오.

수면의 높이

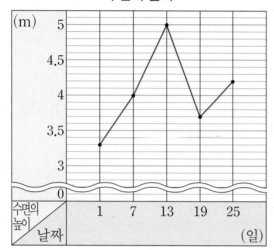

대교, 미래엔

14 세로 눈금 한 칸은 얼마를 나타냅니까?

(   )

천재교과서(한)

15 조사한 날 중 수면의 높이가 4 m보다 높은 때는 모두 몇 번입니까?

(   )

천재교과서(박), 동 아출판(박), 비상교육

16 10일의 수면의 높이는 몇 m였을지 예상하시오.

(   )

10종 공통

17 조사한 날 중 수면의 높이의 변화가 가장 큰 때는 며칠과 며칠 사이입니까?

(   )과 (   ) 사이

[18~20] 올림픽에서 우리나라가 획득한 금메달과 은메달의 수를 조사하여 나타낸 꺾은선그래프입니다. 물음에 답하시오.

금메달 수

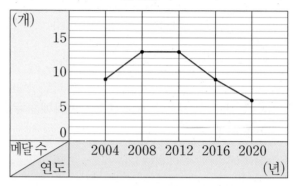

은메달 수

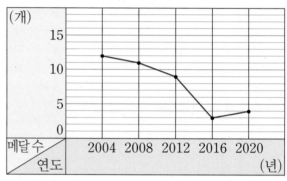

천재교과서(박), 비상교육, 와이비엠

18 금메달을 가장 적게 획득했을 때는 몇 년입니까?

(   )

천재교과서(한)

19 은메달을 4개 획득했을 때는 몇 년입니까?

(   )

천재교과서(한), 와이비엠

20 은메달을 전 올림픽 대회에 비해 가장 적게 획득했을 때는 몇 년입니까?

(   )

6 다각형

대교, 미래엔, 와이비엠

[1~2] 도형을 보고 물음에 답하시오.

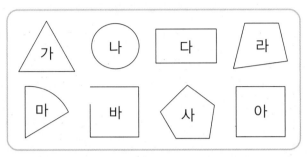

천재교과서(한), 미래엔, 비상교육

1 다각형을 모두 찾아 기호를 쓰시오.

( )

천재교과서(박), 천재교과서(한), 와이비엠

2 정다각형을 모두 찾아 기호를 쓰시오.

( )

천재교과서(박), 천재교과서(한)

3 다각형이 <u>아닌</u> 도형을 찾아 기호를 쓰시오.

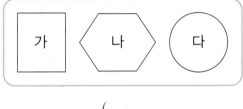

( )

천재교과서(박)

4 다음 도형은 5개의 변의 길이와 5개의 각의 크기가 모두 같습니다. 이 도형의 이름은 무엇입니까?

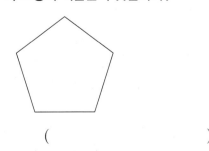

( )

5 사각형 ㄱㄴㄷㄹ의 대각선을 모두 고르시오.

( )

① 선분 ㄱㄷ   ② 선분 ㄱㅂ
③ 선분 ㄴㄹ   ④ 선분 ㄹㅂ
⑤ 선분 ㅁㅂ

금성출판사, 미래엔, 아이스크림 미디어

6 관련 있는 것끼리 이으시오.

 ·   · 오각형

 ·   · 육각형

 ·   · 팔각형

10종 공통

7 도형에 대각선을 모두 그으시오.

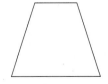

천재교과서(박), 천재교과서(한)

8 다음 모양을 만들려면 모양 조각은 몇 개 필요합니까?

( )

비상교육, 아이스크림 미디어, 와이비엠

9 모양 채우기 방법을 바르게 설명한 것을 찾아 기호를 쓰시오.

> ㉠ 빈틈없이 이어 붙입니다.
> ㉡ 서로 겹치게 이어 붙입니다.
> ㉢ 길이가 서로 다른 변끼리 이어 붙입니다.

( )

[10~11] 도형을 보고 물음에 답하시오.

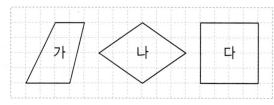

금성출판사

10 한 대각선이 다른 대각선을 똑같이 둘로 나누는 도형이 <u>아닌</u> 것을 찾아 기호를 쓰시오.

( )

10종 공통

11 두 대각선의 길이가 같은 도형을 찾아 기호를 쓰시오.

( )

동아출판(안), 대교, 아이스크림 미디어

12 서아는 대각선이 0개인 정다각형 모양 조각을 골랐습니다. 서아가 고른 모양 조각에 ○표 하시오.

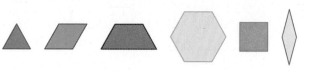

천재교과서(박)

13 육각형을 채우고 있는 다각형의 이름을 찾아 기호를 쓰시오.

> ㉠ 삼각형 ㉡ 사각형
> ㉢ 오각형 ㉣ 팔각형

( )

📝 서술형·논술형 문제   10종 공통

14 다음 도형이 다각형이 아닌 까닭을 쓰시오.

_____

_____

천재교과서(한), 동아출판(안), 와이비엠

15 모양을 만드는 데 사용한 다각형의 이름이 __아닌__ 것을 찾아 기호를 쓰시오.

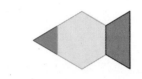

㉠ 삼각형 ㉡ 사각형
㉢ 오각형 ㉣ 육각형

( )

10종 공통

16 점 종이에 그려진 선분을 이용하여 오각형을 완성하시오.

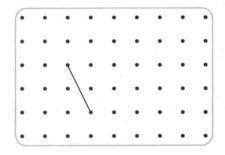

천재교과서(박), 동아출판(박)

17 두 대각선이 서로 수직으로 만나는 사각형을 찾아 기호를 쓰시오.

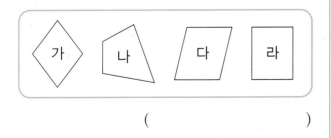

( )

금성출판사

18 직사각형에서 선분 ㄴㄹ의 길이는 몇 cm입니까?

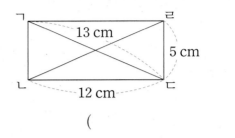

( )

금성출판사

19 정육각형의 모든 변의 길이의 합은 몇 cm입니까?

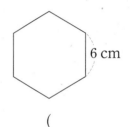

( )

천재교과서(박), 천재교과서(한), 아이스크림 미디어

20 모양 조각 중 2가지를 골라 사다리꼴을 만드시오.

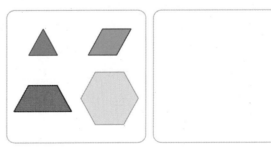

6 다각형

천재교과서(박), 미래엔, 비상교육

1 다각형을 모두 찾아 기호를 쓰시오.

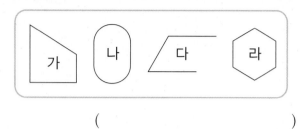

(   )

천재교과서(박), 대교

2 정다각형의 변은 모두 몇 개입니까?

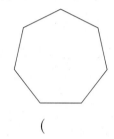

(   )

대교, 비상교육

3 다각형의 이름을 쓰시오.

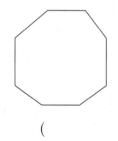

(   )

금성출판사, 동아출판(박), 비상교육

4 꼭짓점 ㄱ에서 그을 수 있는 대각선은 모두 몇 개입니까?

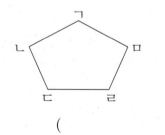

(   )

10종 공통

5 도형에 그을 수 있는 대각선은 모두 몇 개입니까?

(   )

서술형·논술형 문제
10종 공통

6 다음 도형이 정육각형이 아닌 까닭을 쓰시오.

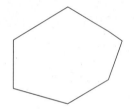

_____

_____

천재교과서(박), 천재교과서(한)

7 대각선의 수가 많은 순서대로 기호를 쓰시오.

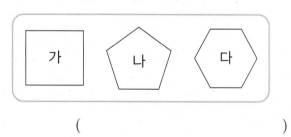

(   )

10종 공통

[8~9] 도형을 보고 물음에 답하시오.

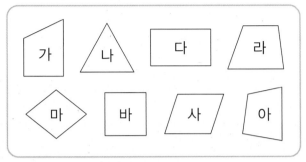

천재교과서(박)

8 한 대각선이 다른 대각선을 똑같이 둘로 나누는 사각형을 모두 찾아 기호를 쓰시오.

(   )

천재교과서(박), 금성출판사, 동아출판(안)

9 두 대각선의 길이가 같고 서로 수직으로 만나는 사각형을 찾아 기호를 쓰시오.

(   )

동아출판(안), 와이비엠

10 한 변이 15 cm인 정오각형의 모든 변의 길이의 합은 몇 cm입니까?

(   )

천재교과서(박), 동아출판(안)

11  와 ▪ 를 모두 사용하여 정사각형을 만드시오.

12 점 종이에 칠각형을 그리시오.

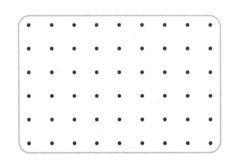

동아출판(박), 아이스크림 미디어

13 두 도형의 변의 수의 차는 몇 개입니까?

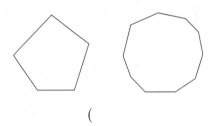

(   )

천재교과서(박)

14 모양 조각을 사용하여 별 모양을 채우시오.

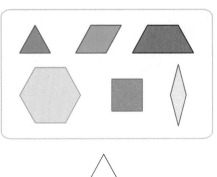

동아출판(안), 미래엔

15 다음 도형의 대각선의 수를 모두 더하면 몇 개입니까?

| 사다리꼴 | 삼각형 | 정오각형 | 원 |

( )

천재교과서(박), 천재교과서(한), 와이비엠

16 모양 조각을 사용하여 서로 다른 방법으로 마름모를 채우시오.

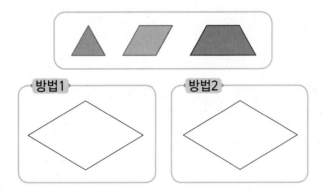

방법1

방법2

10종 공통

17 모양 조각을 모두 사용하여 다음 모양을 만드시오.

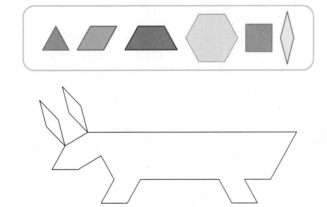

천재교과서(박), 미래엔, 비상교육

18 다음은 정오각형입니다. ☐ 안에 알맞은 수를 써넣으시오.

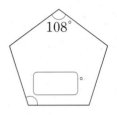

108°

와이비엠

19 서준이는 길이가 100 cm인 색 테이프로 한 변이 12 cm인 정팔각형을 만들었습니다. 정팔각형을 만들고 남은 색 테이프는 몇 cm입니까?

( )

동아출판(박)

20 대각선에 대해 바르게 설명한 것을 찾아 기호를 쓰시오.

㉠ 사각형의 대각선은 3개입니다.
㉡ 삼각형의 한 꼭짓점에서 그을 수 있는 대각선은 1개입니다.
㉢ 오각형의 대각선은 5개입니다.

( )

실패는 고통스럽다.
그러나 최선을 다하지 못했음을 깨닫는 것은
몇 배 더 고통스럽다.

Failure hurts, but realizing you didn't do your best
hurts even more.

앤드류 매슈스

살아가면서 실패는 누구나 겪는 감기몸살 같은 것이지만
최선을 다 하지 않은 것은 부끄러운 일이라고 합니다. 만약 최선을 다 하고도
실패했다면 좌절하지 마세요. 언젠가 값진 선물이 되어 다시 돌아올 테니까요.

book.chunjae.co.kr

검정 교과서
단원평가 자료집

정답과 풀이

4·2

1. ① 촌락과 도시의 특징

① 촌락의 특징

단원평가 2~3쪽

1 ②, ③ **2** ㉠ **3** 산지촌 **4** ①
5 ② **6** (3) ○ **7** 예 등대, 방파제 **8** ②
9 (1) 어촌 (2) 예 바다에서 물고기를 잡거나 김과 미역을 기른다. 바다에서 잡은 물고기를 판매한다. 소규모로 농사를 짓는다. **10** ②

1 ①과 ⑤는 어촌, ④는 산지촌의 자연환경에 대한 설명입니다.

2 바다가 가까이 있는 ㉠이 어촌입니다. ㉡은 농촌, ㉢은 산지촌입니다.

3 촌락마다 자연환경이 달라서 자연환경을 이용한 생산 활동도 다릅니다.

4 논이나 밭을 이용하여 인간 생활에 필요한 식물을 가꾸거나 유용한 동물을 기르는 일을 농업이라고 합니다.

5 바다에서 물고기를 잡거나 김과 미역을 기르는 일 등을 어업이라고 합니다. ①은 광업, ③은 농업, ④는 임업과 관련 있는 사진입니다.

6 산지촌 사람들은 산에서 나무를 가꾸어 베거나 버섯을 재배하는 임업을 하기도 합니다.

7 어촌에서는 어두운 밤에 뱃길을 알려 주는 등대, 파도를 막기 위해 항만에 쌓은 방파제 등을 볼 수 있습니다.

8 쌀 찧는 일을 전문적으로 하는 곳은 정미소입니다. 목재를 얻기 위한 벌목장은 주로 산지촌에서 볼 수 있는 시설입니다.

9 어업에 종사하는 사람 외에도 작은 규모로 농사를 짓는 사람, 배를 만들거나 수리하는 사람, 해수욕장 근처에서 식당을 운영하는 사람 등을 볼 수 있습니다.

채점 기준

(1)	'어촌'이라고 정확히 씀.	
(2)	**정답 키워드** 바다 | 물고기 '바다에서 물고기를 잡거나 김과 미역을 기른다.', '바다에서 잡은 물고기를 판매한다.' 등의 내용을 정확히 씀.	상
	어촌에 사는 사람들이 하는 일을 썼지만 표현이 부족함.	중

10 ②는 어촌에서 볼 수 있는 모습입니다.

② 도시의 특징

단원평가 4~5쪽

1 도시 **2** ④ **3** (1) ○ (2) ○ **4** ①, ③
5 우영 **6** ③ **7** ①, ③ **8** ㉠
9 예 산업이 발달하여 일자리가 많은 **10** ④

1 많은 사람이 모여 살고 사회·정치·경제활동의 중심이 되는 곳을 도시라고 합니다.

2 도시에는 정해진 땅에 많은 인구가 모여 살기 때문에 건물이 밀집해 있습니다.

3 도시에는 필요한 물건을 살 수 있는 백화점, 대형 할인점 등이 있습니다.

4 도시에는 문화 시설, 편의 시설, 공공 기관 등이 많습니다.

5 도시에는 아파트 단지가 많습니다. 은성이가 설명한 곳은 촌락입니다.

6 도시에 사는 사람들은 대부분 회사나 공장에 다니거나 사람들이 편리하게 생활하도록 도와주는 일을 합니다. 또 시청, 교육청 등의 공공 기관이나 공연장, 박물관 등의 문화 시설에서 일하는 사람도 있습니다.

7 서울특별시는 조선 시대부터 600년 넘게 우리나라의 수도인 곳으로, 산업과 행정의 중심지입니다.

8 부산광역시는 바다와 접해 있으며, 우리나라에서 제일 큰 항구가 있습니다.

9 산업이 발달하여 일자리가 많아지면 사람들이 모여들고 도시가 형성됩니다.

채점 기준

정답 키워드 산업 | 일자리 '산업이 발달하여 일자리가 많은' 등의 내용을 정확히 씀.	상
㉠에 들어갈, 우리나라의 도시가 발달한 곳을 썼지만 표현이 부족함.	중

10 정부는 국가의 균형 발전을 위해 '세종특별자치시'라는 행정 기능이 중심이 되는 복합 도시를 만들어 많은 중앙 행정 기관을 이전했습니다.

더 알아보기

중앙 행정 기관들을 세종특별자치시로 옮긴 까닭
세종특별자치시는 지리적으로 수도권과 인접해 있고 주요 고속 국도, 고속 철도와의 접근성이 좋아 지방과 수도권을 잇는 역할을 할 수 있을 것으로 보았기 때문입니다.

❸ 촌락 및 도시 문제의 해결 방안

단원평가   6~7쪽

1 (2) ○   **2** ㉡   **3** 예찬   **4** ③   **5** ❶ 도시
❷ 촌락   **6** 예 교통 체증 문제가 발생하고 주차할 공간이 부족하다. 사람들이 버리는 쓰레기를 처리할 곳이 부족하다.
7 ④   **8** ③   **9** ④   **10** ②, ⑤

1 촌락의 인구 변화 그래프를 통해 젊은 세대 인구의 비율은 줄어들고, 노인 인구의 비율은 높아졌음을 알 수 있습니다.

2 젊은 사람들이 일자리, 자녀 교육 등을 위해 도시로 떠나면서 촌락의 인구가 줄어들었고, 이로 인해 촌락에는 여러 문제가 나타나고 있습니다.

3 기계를 이용하여 농사를 지으면 일손 부족 문제를 해결할 수 있고, 농산물의 생산량을 늘릴 수 있습니다.

4 외국에서 값싼 농수산물이 많이 들어와 촌락 사람들이 어려움을 겪고 있습니다.

5 귀촌으로 촌락 인구가 늘어나면 일손 부족, 편의 시설 부족 등의 문제를 해결할 수 있습니다.

6 도시에 많은 사람이 모여 살면서 교통 문제, 주택 문제, 환경 문제 등 다양한 문제가 나타나고 있습니다.

채점 기준

정답 키워드 교통 혼잡(체증) | 주차 | 집 | 쓰레기	
'도로에 차가 많아서 복잡하고 주차할 공간이 부족하다.', '집값이 비싸고 집을 구하기 어렵다.', '쓰레기를 처리할 곳이 부족하다.' 등의 내용을 정확히 씀.	상
교통 문제, 주택 문제, 환경 문제 등 많은 사람이 모여 살면서 발생하는 도시 문제를 썼지만 표현이 부족함.	중

7 주거 환경 개선 사업은 낡거나 불량한 주택을 고쳐 주는 사업으로, 도시의 주택 문제를 해결하기 위한 노력 중 하나입니다.

8 미세 먼지를 줄이기 위해 도시에 숲을 만들고, 자동차에서 나오는 배기가스를 줄이기 위해 친환경 전기 자동차의 보급을 늘립니다.

9 왜 틀렸을까?
④는 도시의 주택 문제를 해결하려는 노력입니다.

10 층간 소음, 공사장 소음 등 도시에서 발생하는 여러 소음의 기준을 정하고 사람들이 그 기준을 지키도록 하여 소음 문제를 해결합니다.

1. ❷ 함께 발전하는 촌락과 도시

❶ 교류의 의미와 촌락에서의 교류

단원평가   8~9쪽

1 교류   **2** ①, ③   **3** ㉢   **4** (2) ○   **5** ②
6 ③   **7** 기범   **8** ③   **9** 진영
10 예 지역을 홍보하고 특산물을 판매할 수 있다. 도시 사람들이 식당, 숙박 시설 등에 방문하여 촌락의 경제에 도움을 준다.

1 지역마다 생산물, 기술, 자연환경 등이 달라서 교류가 이루어집니다.

2 농촌은 농산물, 어촌은 수산물, 산지촌은 임산물, 도시는 공산품을 주로 생산합니다.

3 교류를 하지 못하면 필요한 물건을 구할 수 없어 불편을 겪게 됩니다.

4 생산물, 기술, 문화 등을 주고받는 것을 모두 교류라고 합니다. 로컬 푸드 매장을 통해 촌락 사람들은 도시와 교류하며 소득을 올릴 수 있습니다.

5 촌락에는 자연환경이 잘 보전되어 있어 도시 사람들은 깨끗한 자연환경에서 여가 생활을 즐기려고 촌락을 방문하기도 합니다.

6 촌락과 도시 사람들은 로컬 푸드 매장을 통해 도움을 주고받습니다.

7 촌락에서는 도시 사람들에게 체험 마을과 편의 시설을 제공해 즐거운 여가 생활을 돕습니다.

8 촌락 사람들은 농사를 짓지 않아 비어 있는 땅을 도시 사람들에게 빌려줍니다. 깨끗한 자연 속 다양한 체험을 즐기는 것은 도시 사람들이 얻는 좋은 점입니다.

9 촌락에서 열리는 지역 축제를 통해 도시 사람들은 촌락의 자연환경과 특산물을 즐깁니다. 촌락 사람들은 도시 사람들에게 서비스를 제공하면서 소득을 올립니다.

10 도시 사람들이 촌락의 식당, 숙박 시설 등을 이용하기 때문에 지역 경제를 활성화할 수 있습니다.

채점 기준

정답 키워드 홍보 | 특산물 | 경제	
'지역을 홍보하고 특산물을 판매할 수 있다.', '도시 사람들이 촌락의 경제에 도움을 준다.' 등의 내용을 정확히 씀.	상
촌락에서 열리는 지역 축제를 통해 촌락이 거둘 수 있는 효과를 썼지만 표현이 부족함.	중

❷ 도시에서의 교류와 교류 모습 조사

단원평가 10~11쪽

1 ②   **2** ⑤   **3** ②   **4** 예 도시에 있는 문화·상업·의료 시설이나 공공 기관을 이용하기 위해 도시를 방문한다.   **5** ④   **6** ③
7 (1) 부족 (2) 봉사   **8** 영지   **9** ㉡
10 ①

1 도시에는 다양한 문화 시설이나 공공 기관 등이 있습니다.

2 제시된 그림은 도시에 있는 첨단 의료 시설을 갖춘 종합 병원을 찾은 촌락 사람의 모습을 나타내고 있습니다.

3 백화점이나 대형 할인점 등을 이용하는 것은 촌락 사람들이 도시의 상업 시설을 방문하는 주된 까닭입니다.

4 산업이 발달하여 일자리가 많아지면 사람들이 모여들고 도시가 형성됩니다. 따라서 인구가 많은 도시에 여러 시설이 많습니다.

채점 기준

정답 키워드 시설 | 공공 기관	
'도시에 있는 문화·상업·의료 시설이나 공공 기관을 이용하기 위해 도시를 방문한다.' 등의 내용을 정확히 씀.	상
도시에 가는 까닭으로 여러 시설과 공공 기관 이용에 대해 썼지만 표현이 부족함.	중

5 도시에는 인구가 많아 여러 사람이 이용하는 다양한 시설도 주로 도시에 있습니다.

6 도시에서 촌락으로 일손 돕기 봉사 활동을 하러 갑니다.

7 도시의 기업이나 학교에서는 촌락의 마을과 자매결연을 하여 일손 돕기, 의료 봉사, 공연 활동을 하기도 합니다.

8 촌락과 도시 사람들은 서로 부족한 것들을 채워 주면서 상호 의존합니다.

9 도시와 촌락은 함께 교류하며 발전합니다. 자매결연 외에도 지역 축제 등을 통해 도움을 주고받으며 교류할 수 있습니다.

왜 틀렸을까?

㉠ 서로 필요한 것을 교류하며 상호 의존 합니다.
㉢ 외국의 값싼 농수산물을 주로 이용하면 촌락의 소득이 감소합니다.

10 지역 홍보 책자나 지역 신문, 인터넷 검색을 통해 촌락과 도시의 교류 모습을 조사할 수 있습니다.

---

2. ❶ 경제활동과 현명한 선택

❶ 희소성과 현명한 선택

단원평가 12~13쪽

1 ③   **2** 예 옛날에는 깨끗한 물을 마음껏 마실 수 있었기 때문이다. 옛날에는 깨끗한 물이 희소하지 않았기 때문이다.   **3** (1) 부족 (2) 있습니다   **4** (1) ○
5 ③   **6** ④   **7** 지우
8 예 현명한 선택을 하면 돈과 자원을 절약할 수 있다. 현명한 선택을 하면 큰 만족감을 얻을 수 있다.
9 (2) ○   **10** ①

1 우리는 희소성 때문에 선택의 문제를 겪습니다.

2 오늘날에는 환경 오염으로 깨끗한 물을 구하려는 사람들이 많습니다.

채점 기준

정답 키워드 마음껏 | 희소	
'옛날에는 깨끗한 물을 마음껏 마실 수 있었기 때문이다.', '옛날에는 깨끗한 물이 희소하지 않았기 때문이다.' 등의 내용을 정확히 씀.	상
옛날에 물을 사 먹지 않았던 까닭을 썼지만 표현이 부족함.	중

3 사람들의 욕구에 비해 자원이 풍부하면 그 자원은 희소하지 않습니다.

4 (2)는 생산자가 겪는 선택의 문제입니다.

5 디자인이나 가격만 고려하다가 물건을 오래 쓰지 못할 수도 있습니다.

6 현명한 선택을 하려면 가진 돈을 파악하고 사려고 하는 물건의 정보를 수집하고 분석해야 합니다.

7 현명하지 못한 선택을 하면 돈과 자원을 낭비하고 후회하게 됩니다.

8 돈과 자원이 한정되어 있어 현명한 선택이 필요합니다.

채점 기준

정답 키워드 절약 | 만족감	
'현명한 선택을 하면 돈과 자원을 절약할 수 있다.', '현명한 선택을 하면 큰 만족감을 얻을 수 있다.' 등의 내용을 정확히 씀.	상
현명한 선택의 장점을 썼지만 표현이 부족함.	중

9 광고에서 물건의 특징에 관한 정보를 얻을 수 있습니다.

10 광고를 볼 때에는 사실이 지나치게 과장되었는지 주의하며 보아야 합니다.

❷ 시장에서의 경제활동

단원평가 14~15쪽

1 (2) ○ **2** ⑤ **3** ③ **4** (1) 생산
(2) 소비 **5** ③ **6** ① **7** 원재
8 ④ **9** 예 생산을 하지 않으면 소비를 할 수 없다. 생산 활동을 통해 소비 활동을 하고 편리한 생활을 누린다.
10 ②, ⑤

1 오늘날에는 생산자와 소비자가 직접 만나지 않고 물건과 서비스를 거래하기도 합니다.

2 텔레비전 홈 쇼핑과 인터넷 쇼핑몰에서는 생산자와 소비자가 직접 만나지 않습니다.

왜 틀렸을까?
① 백화점은 큰 건물 안에서 여러 가지 상품을 나누어 진열, 판매하는 대규모 종합 시장의 종류입니다.
② 편의점은 24시간 내내 여러 상품을 파는 작은 시장입니다.
③ 꽃 시장은 전문 시장으로 한 종류의 물건만 모아서 파는 시장입니다. 전문 시장에 가면 여러 가지 물건 중 가장 마음에 드는 것을 고를 수 있고 다른 시장보다 싸게 살 수 있습니다.
④ 전통 시장은 오랜 기간에 걸쳐 일정한 지역에 자연적으로 만들어진 시장을 말합니다.

3 편의점도 크기와 상관없이 생산자와 소비자가 만나 거래를 하는 시장입니다.

4 시장에서 이루어지는 경제활동에는 생산과 소비가 있습니다.

5 생산한 것을 쓰는 것과 서비스를 이용하는 것은 소비 활동입니다.

6 ②, ③, ④는 생활에 필요한 물건을 만들거나 우리 생활을 편리하게 해 주는 활동으로 생산 활동입니다.

7 생산 활동과 소비 활동은 동시에 서로 영향을 주고받습니다.

8 주스를 사 먹는 것은 생산한 것을 사서 쓰는 소비입니다.

9 소비하지 않으면 생산할 필요가 없습니다.

채점 기준

정답 키워드 할 수 없음 | 편리한	
'생산을 하지 않으면 소비를 할 수 없다.', '생산 활동을 통해 소비 활동을 하고 편리한 생활을 누린다.' 등의 내용을 정확히 씀.	상
생산과 소비의 관계를 썼지만 표현이 부족함.	중

10 생산 활동을 통해 소득을 얻어 다양한 소비 활동을 할 수 있습니다.

❸ 생산 활동의 종류와 현명한 소비 생활

단원평가 16~17쪽

1 (1) ⓒ (2) ⓛ (3) ⓝ **2** ③ **3** 예 밀농사를 짓는 것은 생활에 필요한 것을 자연에서 얻는 활동이지만, 과자를 만드는 것은 생활에 필요한 것을 만드는 활동이다.
4 슬기 **5** (2) ○ **6** ④ **7** 이진
8 (2) ○ **9** 착한 **10** 예 재활용이 되는지, 생산 과정에서 에너지가 절약이 되는지를 고려한다.

1 생산 활동에는 눈에 보이는 상품을 만드는 것뿐만 아니라 서비스를 제공하는 것도 포함됩니다.

2 건물을 짓는 것은 생활에 필요한 것을 만드는 생산 활동입니다. ①, ②, ④는 생활을 편리하고 즐겁게 해 주는 활동입니다.

3 농업, 임업 등은 자연에서 생산물을 얻는 활동입니다.

채점 기준

정답 키워드 필요한 것 | 자연 | 만드는	
'밀농사를 짓는 것은 생활에 필요한 것을 자연에서 얻는 활동이지만, 과자를 만드는 것은 생활에 필요한 것을 만드는 활동이다.' 등의 내용을 정확히 씀.	상
밀농사 짓기와 과자 만들기에 해당하는 생산 활동의 종류를 비교하여 썼지만 표현이 부족함.	중

4 서비스는 생활을 편리하고 즐겁게 해 주는 활동을 말합니다. 이러한 서비스를 제공하는 것도 생산 활동입니다.

5 현명한 소비 생활을 하면 돈과 자원을 절약하고 큰 만족감을 얻을 수 있습니다.

6 현명한 소비를 할 때는 소득의 범위 안에서 다양한 정보를 활용하여 물건을 사고 소득의 일부는 저축합니다.

7 소득의 일부는 꾸준히 저축하여 미래의 예상치 못한 지출을 대비해야 합니다.

8 수입과 지출을 기록하는 용돈 기입장을 통해 돈을 어떻게 소비했는지 한눈에 알 수 있습니다.

9 착한 소비는 생산자에게 정당한 대가를 주는지, 환경이 보호되는지 등을 고려하는 소비 활동입니다.

10 동물이 스트레스를 받지 않는 환경에서 생산이 되었는지도 고려할 수 있습니다.

채점 기준

정답 키워드 재활용 | 에너지 | 절약	
'재활용이 되는지, 생산 과정에서 에너지가 절약이 되는지를 고려한다.' 등의 내용을 정확히 씀.	상
착한 소비를 할 때 고려할 점을 썼지만 표현이 부족함.	중

2. ② 교류하며 발전하는 우리 지역

① 경제 교류가 필요한 까닭

1 생산지(원산지)	**2** ⑤	**3** ①
4 ④	**5** 경제 교류　**6** ㉠, ㉡	**7** ④
8 ㉠	**9** 예 각 지역은 경제적 이익을 얻을 수 있다.	

지역이 발전할 수 있다.　**10** (1) ◯

1 상품의 생산지(원산지)를 표시한 지도를 통해 우리나라가 세계 여러 나라와 활발하게 교류하고 있다는 것을 알 수 있습니다.

2 우리나라의 여러 지역에서 생산된 상품은 부산광역시의 과자, 제주특별자치도의 물입니다.

3 우리 지역에서 상품이 생산되지 않거나 부족한 경우, 또는 다른 지역이나 다른 나라에서 만든 상품의 품질이 좋은 경우에 다양한 상품이 우리 지역으로 들어옵니다.

4 대형 할인점의 광고지에서 상품 이름, 상품 가격, 할인 정보, 상품의 생산지(원산지) 등을 확인할 수 있습니다.

5 개인, 기업, 지역, 국가는 경제 교류를 통해 경제적 이익을 얻습니다.

6 옛날에는 지역과 지역, 국가와 국가가 주로 경제 교류를 했지만 오늘날에는 개인이나 기업도 활발히 경제 교류를 합니다.

7 개인과 기업 간에 상품, 기술, 정보 등을 교류하여 경제적 이익을 얻을 수 있습니다.

8 직거래 장터를 통해 지역을 내세워 상품을 판매하면 높은 신뢰를 바탕으로 상품을 많이 팔 수 있습니다.

9 상품 전시회, 직거래 장터, 기술 협력, 자매결연 등을 통해 각 지역은 경제적 이익을 얻고 지역 간의 화합과 발전을 가져올 수 있습니다.

채점 기준

정답 키워드 경제적 이익 | 발전	
'각 지역은 경제적 이익을 얻을 수 있다.', '지역이 발전할 수 있다.' 등의 내용을 정확히 씀.	상
지역 간에 경제 교류를 할 때의 좋은 점을 썼지만 표현이 부족함.	중

10 경제 교류를 하면 소비자와 생산자 모두 경제적 이익을 얻게 됩니다.

② 다양한 경제 교류와 조사 방법

1 ①	**2** ⑤	**3** (2) ◯	**4** ②, ④
5 ㉠	**6** 대진	**7** ②	**8** 예 문화 교

류를 통해 지역 간에 화합한다. 문화 교류를 통해 다른 분야도 교류하기로 약속했다.　**9** (2) ◯　　**10** ⑤

1 세종시와 완도군은 각 지역의 대표 상품을 주고받으며 경제 교류를 했습니다.

2 완도군은 직거래 장터에서 완도군의 대표 상품을 소개하고 판매해 경제적 이익을 얻을 수 있습니다.

3 공연, 전시회, 운동 경기 등의 문화 활동과 함께 경제 교류를 하는 경우도 있습니다.

4 인터넷 쇼핑몰을 이용하면 시간이 지나서야 상품을 받을 수 있고, 상품을 직접 확인하지 못하는 단점이 있습니다.

5 신선하고 질 좋은 상품을 확인하고 사기 위해 전통 시장, 대형 할인점, 직거래 장터, 도매 시장 등에 직접 방문합니다.

6 인터넷 검색하기, 시장에서 조사하기, 지역 누리집에서 찾기 등을 통해 다양한 경제 교류를 조사할 수 있습니다.

7 수원시와 루마니아 클루지나포카시는 우리나라의 전통 음식을 체험하는 문화 교류를 하고 있습니다.

8 문화 교류를 통해 다른 분야의 경제 교류가 활발하게 이루어지기도 합니다.

채점 기준

정답 키워드 문화 교류 | 화합 | 다른 분야	
'문화 교류를 통해 지역 간에 화합한다.', '문화 교류를 통해 다른 분야도 교류하기로 약속했다.' 등의 내용을 정확히 씀.	상
문화 교류로 두 지역이 얻을 수 있는 경제적 이익을 썼지만 표현이 부족함.	중

9 오늘날 경제 교류는 교통과 통신의 발달로 다양해지고 활발해졌습니다. 지역 간에는 상품, 기술, 문화 등 여러 분야에서 다양하게 경제 교류를 합니다.

10 우리 지역의 대표 상품을 널리 알리면 우리 지역을 찾는 사람들이 늘어나 우리 지역의 경제적 이익이 늘고 경제활동이 활발해집니다.

3. ① 사회 변화로 나타난 일상생활의 모습

① 사회 변화로 달라진 모습

단원평가 22~23쪽

1 ② 　　2 하린 　　3 ① 　　4 ① 　　5 ⑤
6 (1) 사라진 직업 (2) 예 과학 기술이 발달했기 때문이다.
그 역할을 대신할 수 있는 것이 생겼기 때문이다.
7 지나 　　8 준서 　　9 ③, ④ 　　10 (1) ○

1 사회 변화에 따라 사람들의 생활 모습도 크게 바뀌었습니다.

2 교통·통신 및 과학 기술이 발달하고 사람들의 가치관 등이 이전과 달라졌기 때문에 사회 변화가 발생합니다.

3 과학과 기술이 발달하여 생활이 편리해지고 노인 인구가 많아지게 되었습니다.

4 인구의 변화로 태어나는 아이의 수가 점점 줄어들어 출산을 도와주는 병원이 사라지고 있습니다.

5 다른 나라와의 교류가 늘어나면서 다른 나라의 문화를 쉽게 접할 수 있게 되었습니다.

6 옛날에는 전화 교환원, 버스 안내원 등의 직업이 있었지만 오늘날은 기술이 발달하여 더 이상 사람이 하지 않아도 되는 일이 되었습니다.

채점 기준

(1)	'사라진 직업'에 ○표를 함.	
(2)	**정답 키워드** 과학 기술 | 대신 '과학 기술이 발달했기 때문이다.', '그 역할을 대신할 수 있는 것이 생겼기 때문이다.' 등의 내용을 정확히 씀.	상
	직업이 사라지는 까닭을 썼지만 표현이 부족함.	중

7 사회 변화로 학교의 모습도 달라졌고, 사람들의 일상생활도 크게 바뀌었습니다.

8 학생 수가 많아서 오전반과 오후반이 있었던 것은 옛날의 학교 모습입니다.

9 오늘날 학교에 비해 옛날 학교에는 학급 수와 학생 수가 많았고, 디지털 기기를 찾아볼 수 없었습니다.

10 최근에 아이가 많이 태어나지 않기 때문에 오늘날 학생 수가 줄어들고 있습니다. 또한 지식과 정보를 활용할 수 있는 기술이 발전했기 때문에 교실에서 수업하는 모습도 달라졌습니다.

② 저출산·고령화

단원평가 24~25쪽

1 ⓒ 　　2 ①, ② 　　3 (2) ○ 　　4 ①
5 (1) ⓐ (2) 예 65세 이상 인구는 더 늘어나고, 64세 이하 인구는 더 줄어들 것이다. 　6 (1) ○ 　　7 ③, ⑤ 　　8 ②
9 ④ 　　10 세준

1 오늘날 저출산 현상이 나타나고 있어 14세 이하 인구가 점점 줄어들고 있습니다.

> **왜 틀렸을까?**
> ⓐ 65세 이상 인구는 점점 늘어나고 있습니다.

2 의학 기술이 발달하고 생활 수준이 높아져서 사람들이 오래 살 수 있게 되었습니다.

3 오늘날 결혼과 출산에 대한 가치관이 옛날과 달라졌고, 자녀 양육에 대한 부담이 크기 때문에 저출산 현상이 나타나고 있습니다.

4 제시된 그래프의 가로축은 아이들이 태어난 연도를, 세로축은 그해에 태어난 아이 수를 뜻하는데, 시간이 흐를수록 그 수가 줄어들고 있습니다.

5 65세 이상 노인 인구 그래프를 보면 전체 인구에서 노인 인구가 차지하는 정도가 증가하고 있음을 확인할 수 있습니다.

채점 기준

(1)	'ⓐ'을 정확히 씀.	
(2)	**정답 키워드** 65세 이상 인구 | 늘어나다 '65세 이상 인구는 더 늘어나고, 64세 이하 인구는 더 줄어들 것이다.' 등의 내용을 정확히 씀.	상
	2055년의 그래프를 예상하여 썼지만 표현이 부족함.	중

6 (2), (3)번 포스터는 아이를 많이 낳으라고 권하고 있는 2000년대 이후의 포스터입니다.

7 저출산으로 초등학교에 입학하는 학생 수가 줄어들었고, 출산을 도와주는 병원이 사라지고 있습니다.

8 고령화로 경제, 의료, 복지 등 우리 사회의 다양한 분야에서 변화가 나타나고 있습니다.

9 기초 연금은 경제적으로 불안할 수 있는 노인들을 돕기 위해 정부에서 만든 제도입니다.

10 고령화 현상에 대응하기 위해 노인들이 일자리를 구하거나 다양한 활동을 할 수 있도록 지원해야 합니다.

③ 정보화와 세계화

1 ②   **2** 찬우   **3** (1) ㉡ (2) 예 정보를 쉽고 빠르게 얻을 수 있다. 정보를 쉽게 활용하여 생활이 편리해졌다.
4 ①   **5** ③   **6** ㉠   **7** (1) ○   **8** ㉡
9 세현   **10** ㉣

1 정보화의 영향으로 사람들은 원하는 정보를 쉽고 빠르게 얻게 되었습니다.

2 정보화로 인해 사회가 크게 변화하고 생활이 편리해지고 있습니다.

3 정보화 사회에서는 언제 어디서나 쉽고 빠르게 정보를 얻을 수 있고, 여러 일을 해결할 수 있게 되었습니다.

채점 기준		
(1)	'㉡'을 정확히 씀.	
(2)	**정답 키워드** 쉽게	빠르게	편리 '정보를 쉽고 빠르게 얻을 수 있다.', '정보를 쉽게 활용하여 생활이 편리해졌다.' 등의 내용을 정확히 씀.	상
	정보화 사회의 특징을 썼지만 표현이 부족함.	중

4 정보화로 우리의 일상생활은 편리해졌지만, 해결해야 할 여러 가지 문제점도 생겼습니다.

5 정보화 사회에서는 정보 기기를 잘 다루지 못하는 사람들이 소외되는 문제가 발생하기도 합니다.

6 스마트 쉼 센터는 스마트폰과 인터넷을 과다하게 사용하고 의존하는 문제를 해결하기 위해 만든 것입니다.

7 세계 여러 나라가 다양한 분야에서 서로 교류하고 영향을 주고받으며 가까워지는 것을 세계화라고 합니다.

> **왜 틀렸을까?**
> (2) 세계화로 세계 여러 나라의 교류가 점점 더 늘어나고 있습니다.

8 세계화로 인해 ㉡과 같이 다른 나라를 자유롭게 오고 가기도 합니다. ㉠, ㉢은 정보화로 인해 볼 수 있는 현상입니다.

9 세계 여러 나라가 서로 교류하고 가까워지면서 전통문화가 사라지고 여러 문화가 비슷해지고 있습니다.

10 우리는 세계화 시대에 서로 다른 문화를 이해하고 존중하며, 전통문화를 창조적으로 계승하기 위해 노력해야 합니다.

3. ② 다양한 문화에 대한 이해와 존중

① 다양한 문화에 대한 편견과 차별

1 ⑤   **2** 환경   **3** ①   **4** (1) ○   **5** (1) ○
6 편견   **7** ④   **8** 선아   **9** ⑤
10 예 다른 문화를 가진 사람을 만났을 때 어떤 생각을 했는지 생각해 본다. 나의 언어 습관을 생각해 본다.

1 ㉠, ㉡은 모두 도구를 사용하여 식생활을 하지만, ㉠ 사람들은 젓가락과 숟가락을 사용하고 ㉡ 사람들은 포크와 나이프를 사용합니다.

2 사람들이 사는 환경에 따라 식생활 문화도 다양하게 나타납니다.

3 오늘날 국제결혼 이주자, 외국인 근로자, 유학생 등 우리나라에 머무는 외국인 수가 점점 늘어나 우리는 사회에서 이전보다 더 다양한 문화를 접할 수 있게 되었습니다.

4 인천의 차이나타운에서 중국의 문화를 접할 수 있습니다. 이처럼 세계 여러 나라의 문화가 우리 사회로 들어오고 있습니다.

5 세계 여러 나라의 문화가 우리 사회로 들어오면서 우리가 누리고 선택할 수 있는 문화가 많아져 일상생활이 더욱 풍요로워졌습니다.

6 우리 사회의 다양한 문화에 대한 편견 때문에 차별이 나타나기도 합니다.

7 제시된 일기에는 종교가 다르다는 이유로 차별받는 친구의 모습이 나타나 있습니다.

8 피부색, 언어, 종교, 출신 지역이 다른 사람에 대해 편견을 가지고 차별을 해서는 안 되고, 서로 다른 문화를 존중해야 합니다.

> **왜 틀렸을까?**
> 영민: 출신 지역이 다른 사람에 대한 편견을 가지고 있습니다.
> 진혁: 언어가 다른 사람에 대한 편견을 가지고 있습니다.
> 지우: 피부색이 다른 사람에 대한 편견을 가지고 있습니다.

9 ㉠은 나이에 대한 차별이고 ㉡은 외모에 대한 차별입니다. ㉠, ㉡ 모두 일과 관련한 기준을 적용하지 않아 일을 구하는 사람이 원하는 일을 하지 못할 수 있습니다.

10 다른 문화에 대한 편견이나 차별은 다른 문화에 대해 정보가 부족하거나 열린 마음으로 다른 문화를 대하지 않을 때 나타날 수 있습니다.

채점 기준	
정답 키워드 다른 문화 | 생각 | 언어 습관 '다른 문화를 가진 사람을 만났을 때 어떤 생각을 했는지 생각해 본다.', '나의 언어 습관을 생각해 본다.' 등의 내용을 정확히 씀.	상
다양한 문화에 대한 편견이나 차별적 태도를 점검하기 위해 해야 할 일을 썼지만 표현이 부족함.	중

❷ 편견과 차별의 해결 방법

단원평가   **30~32**쪽

1 ②, ④   **2** 예 사람들이 편견을 가지고 질문을 했기 때문이다.   **3** ⑤   **4** ⓒ   **5** (1) ○   **6** 예 누구든지 자신이 지닌 문화를 자유롭게 누리며 살아갈 수 있다. 모든 사람이 더불어 살아가는 사회가 된다.   **7** (1) 성별 (2) 존중   **8** ③   **9** 진서   **10** 민우   **11** (1) ○   **12** (1) ○   **13** ③   **14** ⑤   **15** ⓒ

1 피부색이 다르다고 외국인이라고 생각하는 것은 편견입니다.

2 문화가 다른 사람들이 함께 살아가기 위해서는 편견 없이 서로 다른 문화의 가치를 올바르게 이해해야 합니다.

채점 기준	
정답 키워드 사람들 | 편견 | 가지다 '사람들이 편견을 가지고 질문을 했기 때문이다.' 등의 내용을 정확히 씀.	상
수진이의 친구가 사람들의 질문을 듣고 불편해했던 까닭을 썼지만 표현이 부족함.	중

3 편견과 차별을 해결하기 위해 서로 다른 것을 편견 없이 바라보는 노력이 필요합니다. 개인적인 노력과 사회·제도적인 노력으로 편견과 차별이 없는 세상을 만들 수 있습니다.

4 편견과 차별이 계속되면 서로 오해하게 되고 편견과 차별을 받는 사람은 기분이 나빠집니다. 또한 사회적으로 갈등이 나타나 사회의 발전이 늦어질 수 있습니다.

5 우리 주변에는 서로 다르다는 이유로 편견을 갖거나 차별을 하는 경우들이 있습니다. 우리 사회는 편견과 차별이 없는 세상을 만들려고 관련 기관을 만드는 등 사회·제도적인 노력을 하고 있습니다.

6 편견과 차별을 없애기 위해 꾸준히 노력하면 다양한 문화를 가진 사람들이 존중받으며 더 좋은 사회가 될 수 있습니다.

채점 기준	
정답 키워드 문화 | 자유롭게 | 살아가다 | 더불어 '누구든지 자신이 지닌 문화를 자유롭게 누리며 살아갈 수 있다.', '모든 사람이 더불어 살아가는 사회가 된다.' 등의 내용을 정확히 씀.	상
편견과 차별을 없애기 위해 노력할 때 변화될 사회의 모습을 썼지만 표현이 부족함.	중

7 개인의 취향을 존중하여 축구나 농구, 야구를 하고 싶은 친구들이 모두 참여할 수 있게 합니다.

8 제시된 어린이는 종교 때문에 안 먹는 음식을 먹으라고 강요받는 어려움을 겪고 있습니다.

9 낯설어하는 외국인 친구의 어려움을 공감하고 배려합니다.

10 서로 다른 문화에서 오는 차이를 편견 없이 바라보고 존중해야 합니다.

11 편견과 차별을 없애기 위해 다른 문화를 가진 사람들의 차이를 존중하는 개인적인 노력과 차별을 없애려고 관련 법을 만드는 사회·제도적인 노력이 필요합니다.

12 북한 이탈 주민을 위한 일자리 박람회에서는 직업을 구할 수 있도록 다양한 정보를 제공합니다.

13 ③은 정보화 사회에서 개인 정보 유출과 관련 있는 신문 기사의 제목입니다.

14 영지의 어머니는 국제결혼 이주자로, 아직 한국말이 서툴기 때문에 한국어 교육을 제공하는 사회·제도적인 노력이 필요합니다.

15 국가인권위원회는 누구나 존중받는 사회를 만들기 위해 노력합니다.

왜 틀렸을까?
ⓐ 문화재청은 문화재의 관리, 보호 등의 일을 맡는 기관입니다.
ⓑ 국토정보플랫폼은 다양한 지도 자료와 시각화 정보를 제공하는 기관입니다.

1. 식물의 생활

① 잎의 생김새에 따른 식물 분류

단원평가 34~35쪽

1 ⓒ 2 ⓒ 3 ㉠, ⓒ 4 ㉠ 5 ②
6 ③ 7 ② 8 ② 9 ③
10 예 잎의 모양이 둥근가? 잎의 가장자리가 톱니 모양인가? 등

1 강아지풀 잎은 전체적인 모양이 길쭉합니다.

2 단풍나무 잎은 손바닥 모양으로 깊게 갈라져 있습니다.

3 토끼풀과 단풍나무 잎의 가장자리는 톱니 모양입니다.

4 소나무의 잎은 길고 뾰족하며, 한곳에 두 개씩 뭉쳐 납니다.

5 토끼풀 잎의 가장자리는 톱니 모양입니다.

6 잎자루는 잎몸과 줄기 사이에 있는 부분입니다.

> **왜 틀렸을까?**
> ① 강아지풀의 잎맥은 나란한 모양이고, 국화 잎의 잎맥은 그물 모양입니다.
> ② 잎몸은 잎맥이 퍼져 있는 잎의 납작한 부분입니다.
> ④ 토끼풀 잎의 가장자리는 톱니 모양이고, 소나무 잎의 가장 자리는 매끈합니다.
> ⑤ 잎맥은 잎몸에서 선처럼 보이는 것입니다

7 토끼풀 잎은 세 개씩 붙어 있고, 가장자리가 톱니 모양 입니다.

8 국화 잎의 가장자리에는 털이 없습니다.

9 잎의 촉감은 사람마다 관찰한 결과가 다를 수 있으므로 분류 기준으로 알맞지 않습니다.

> **더 알아보기**
> **잎의 생김새에 따른 식물 분류 기준**
> 잎의 전체적인 모양, 끝 모양, 가장자리 모양, 잎맥의 모양 등 누가 분류해도 같은 결과가 나오는 것으로 분류 기준을 정해야 합니다.

10 토끼풀과 사철나무 잎의 모양은 둥글고, 잎의 가장자리가 톱니 모양입니다. 강아지풀 잎의 모양은 좁고 길쭉하며, 잎의 가장자리가 매끈합니다.

> **채점 기준**
> | 정답 키워드 잎의 모양 \| 둥글다 \| 잎의 가장자리 \| 톱니 모양 등 | |
> |---|---|
> | '잎의 모양이 둥근가?', '잎의 가장자리가 톱니 모양인가?' 등의 분류 기준 중 한 가지를 정확히 씀. | 상 |
> | ㉠, ⓒ을 한 무리로, ⓒ을 다른 무리로 분류하는 분류 기준을 썼지만 표현이 부족함. | 중 |

② 다양한 환경에 사는 식물

단원평가 36~37쪽

1 ⓒ 2 ② 3 ② 4 ⓒ 5 ⑤
6 오랜, 갖게 7 ② 8 ②, ④
9 예 갈대는 물가나 물속의 땅에 뿌리를 내리고 잎이 물 위로 높이 자라며, 검정말은 물속에 잠겨서 산다. 등 10 ⑤

1 바오바브나무는 들이나 산에 사는 식물이 아니라 사막에 사는 식물입니다.

2 밤나무, 소나무, 상수리나무는 나무이고, 민들레는 풀 입니다.

3 풀과 나무 모두 뿌리, 줄기, 잎이 구분됩니다.

4 나무는 땅속의 뿌리와 땅 위의 줄기로 겨울을 넘깁니다.

> **더 알아보기**
> **식물이 겨울을 넘기는 방법**
> • 한해살이풀: 씨로만 겨울을 넘깁니다.
>   예 강낭콩, 나팔꽃 등
> • 여러해살이풀: 씨와 땅속 부분으로 겨울을 넘깁니다.
>   예 연꽃, 갈대 등
> • 나무: 땅속의 뿌리와 땅 위의 줄기로 겨울을 넘깁니다.
>   예 무궁화, 동백나무 등

5 부레옥잠은 잎자루에 있는 공기주머니 속의 공기 때문에 물에 떠서 살 수 있습니다.

6 적응이란 생물이 오랜 기간에 걸쳐 사는 곳의 환경에 알맞은 생김새와 생활 방식을 갖게 되는 것을 말합니다.

7 명아주는 들이나 산에 사는 식물입니다.

8 가래는 물속의 땅에 뿌리를 내리고 잎과 꽃이 물 위에 떠 있습니다. 검정말은 물속에 잠겨서 살며, 물의 흐름에 따라 잘 휘어집니다.

9 갈대는 물가나 물속의 땅에 뿌리를 내리고 잎이 물 위로 높이 자라는 식물입니다. 검정말은 물속에 잠겨서 사는 식물로, 물의 흐름에 따라 잘 휘어집니다.

> **채점 기준**
> | 정답 키워드 물가나 물속 \| 땅에 뿌리를 내리다 \| 물속에 잠겨서 산다 등 | |
> |---|---|
> | '갈대는 물가나 물속의 땅에 뿌리를 내리고 잎이 물 위로 높이 자라며, 검정말은 물속에 잠겨서 산다.' 등의 내용을 정확히 씀. | 상 |
> | 갈대와 검정말의 차이점을 한 가지 썼지만 표현이 부족함. | 중 |

10 물에 떠서 사는 식물에는 물상추, 부레옥잠, 개구리밥 등이 있습니다.

③ 특수한 환경의 식물 / 식물의 특징을 활용한 예

단원평가   38~39쪽

1 ①   **2** ㉠   **3** ④   **4** ②

5 예 리톱스는 두꺼운 잎에 물을 저장하기 때문이다. 등

6 ㉢   **7** 도꼬마리   **8** ㉠   **9** ⑤   **10** ⑤

1 사막은 햇빛이 강하고 건조합니다.

2 선인장은 가시 모양의 잎을 가지고 있어서 물이 밖으로 빠져나가는 것을 막습니다.

3 용설란은 두꺼운 잎에 물을 저장하기 때문에 사막에서 살 수 있습니다.

4 바오바브나무는 굵은 줄기에 물을 저장하고, 잎이 작아서 물이 밖으로 빠져나가는 것을 막습니다.

5 리톱스는 두꺼운 잎에 물을 저장하기 때문에 사막에서 살 수 있습니다.

채점 기준

정답 키워드 두꺼운 잎 | 물 저장 등	
'리톱스는 두꺼운 잎에 물을 저장하기 때문이다.' 등의 내용을 정확히 씀.	상
리톱스가 사막에서 살 수 있는 까닭을 썼지만 표현이 부족함.	중

6 마름과 갈대는 강이나 연못에서 사는 식물입니다.

더 알아보기

극지방에 사는 식물

▲ 남극구슬이끼   ▲ 북극버들

남극구슬이끼와 북극버들 두 식물은 키가 작아서 추위와 바람의 영향을 적게 받아 온도가 낮고 바람이 많이 부는 극지방에서 살 수 있습니다.

7 천에 붙으면 잘 떨어지지 않는 도꼬마리 열매의 특징을 활용하여 찍찍이 캐치볼을 만들었습니다.

8 물에 젖지 않는 연잎의 특징을 활용하여 물이 스며들지 않는 옷감을 만들었습니다.

9 바람을 타고 빙글빙글 돌며 떨어지는 단풍나무 열매의 특징을 활용하여 드론과 헬리콥터의 프로펠러 등을 만들었습니다.

10 철조망은 줄기와 잎에 가시가 있는 지느러미엉겅퀴의 특징을 활용하여 만든 것입니다.

---

2. 물의 상태 변화

❶ 물의 세 가지 상태 / 물이 얼 때와 얼음이 녹을 때의 부피와 무게 변화

단원평가   40~41쪽

1 (1) ○ (2) × (3) ×   **2** ⑤   **3** ③   **4** 동혁

5 ②   **6** ③   **7** ①   **8** ㉠

9 예 얼음이 녹아 물이 될 때 무게는 변하지 않는다.

10 (1) − ㉡ (2) − ㉠

1 얼음은 차갑고 단단합니다. 또 손으로 잡을 수 있고 모양이 일정합니다.

2 물은 일정한 모양이 없고 흐르며, 손에 잡히지 않습니다. 눈에 보이지 않는 것은 수증기이고, 단단하고 일정한 모양이 있는 것은 얼음입니다.

3 얼음은 고체, 물은 액체, 수증기는 기체입니다.

4 물은 고체, 액체 또는 기체 상태로 존재하고, 한 가지 상태에서 다른 상태로 변할 수 있습니다.

5 얼음을 손바닥 위에 올려놓으면 녹아서 얼음의 크기가 점점 작아지고 물이 됩니다. 조금 더 시간이 지나면 손바닥의 물이 수증기로 변해 공기 중으로 날아가므로 물은 손바닥에서 모두 사라집니다.

6 물이 얼면 부피가 늘어나므로 물의 높이가 처음보다 높아집니다.

7 물의 높이가 높아지는 까닭은 물이 얼어서 부피가 늘어나기 때문입니다.

8 젖은 빨래를 널어 두면 마르는 것은 물이 증발하기 때문에 나타나는 현상입니다. 나머지는 모두 물이 얼 때 부피가 늘어나기 때문에 나타나는 현상입니다.

9 얼음이 녹기 전과 녹은 후의 무게가 같은 것으로 보아 얼음이 녹아 물이 될 때 무게는 변하지 않음을 알 수 있습니다.

채점 기준

정답 키워드 얼음 | 녹다 | 물 | 무게 | 변하지 않는다	
'얼음이 녹아 물이 될 때 무게는 변하지 않는다.'와 같이 내용을 정확히 씀.	상
'무게가 같다.'라고만 씀.	중

10 꽁꽁 얼어 있던 튜브형 얼음과자가 녹으면 튜브 안에 가득 차 있던 얼음과자의 부피가 줄어듭니다.

② 증발과 끓음

42~43쪽

단원평가

1 ㉡	**2** ③	**3** ④	**4** ㉡	**5** ㉠
6 ②	**7** 울퉁불퉁해		**8** ③	**9** ①

10 (1) 수증기 (2) ㉔ 증발할 때에는 물의 양이 매우 천천히 줄어들고, 끓을 때에는 증발할 때보다 물의 양이 빠르게 줄어든다.

1 물로 운동장에 그림을 그리면 1~2시간 뒤 그림이 사라져 보이지 않습니다.

2 운동장에 물로 그린 그림이 사라지는 까닭은 물이 수증기로 변해 공기 중으로 날아갔기 때문입니다.

3 물을 끓이면 물의 높이가 낮아집니다.

4 액체인 물이 표면에서 기체인 수증기로 상태가 변하는 것을 증발이라고 합니다.

5 물감을 말리는 것은 액체 표면에서 기체로 변하는 증발 현상의 예입니다.

6 끓음은 물이 수증기로 변하는 상태 변화 중 하나인데, 물 표면뿐만 아니라 물속에서도 일어납니다.

7 물이 끓을 때에는 물 표면과 물속에서 크고 작은 기포가 많이 생기며, 기포가 올라와 터지면서 물 표면이 울퉁불퉁해집니다.

8 물을 가열하여 끓이면 물의 표면뿐만 아니라 물속에서도 액체인 물이 기체인 수증기로 상태가 변합니다.

9 라면을 끓이는 것은 물의 끓음과 관련이 있습니다.

10 증발은 액체인 물이 표면에서 기체인 수증기로 상태가 변하는 현상이고, 끓음은 물의 표면뿐만 아니라 물속에서도 액체인 물이 기체인 수증기로 변하는 현상입니다.

채점 기준

(1)	'수증기'를 정확히 씀.	
(2)	**정답 키워드** 물의 양 | 증발 | 천천히 | 끓음 | 빠르게 | 줄어든다 등 '증발할 때에는 물의 양이 매우 천천히 줄어들고, 끓을 때에는 증발할 때보다 물의 양이 빠르게 줄어든다.'와 같이 내용을 정확히 씀.	상
	'물의 증발과 끓음은 물의 양이 줄어드는 빠르기가 다르다.'와 같이 물의 양이 줄어드는 빠르기가 어떻게 다른지에 대해서는 구체적으로 쓰지 못함.	중

③ 응결

44~45쪽

단원평가

1 ⑤	**2** ㉡	**3** (3) ○	**4** 수증기	**5** 수증기
6 ④	**7** (1) ㉡ (2) ㉔ 기체인 수증기가 액체인 물로 변한다.			
8 ③	**9** ㉢	**10** ④		

1 플라스틱병 표면의 물방울은 공기 중의 수증기가 차가운 플라스틱병과 만나 물로 변해 맺힌 것입니다.

2 기체인 수증기가 액체인 물로 상태가 변하는 것을 응결이라고 합니다.

3 시간이 지남에 따라 플라스틱병 표면에 물방울이 생기기 때문에 병 표면에 생긴 물방울의 무게만큼 무게가 늘어납니다.

4 주스와 얼음이 담긴 차가운 플라스틱병 표면에서 응결 현상이 나타나 공기 중의 수증기가 물이 되어 차가운 병 표면에 맺힙니다.

5 공기 중의 수증기가 차가운 유리창을 만나 응결하여 물로 변한 것입니다.

6 차가운 음료수병 표면에 물방울이 생기는 것은 수증기가 물로 상태 변화한 것입니다.

7 맑은 날 아침에 풀잎에 물방울이 맺히는 것과 같이 기체인 수증기가 액체인 물로 상태가 변하는 것을 응결이라고 합니다. 빨래가 마르는 것은 물 표면에서 물이 수증기로 상태가 변하는 증발 현상이고, 물이 끓는 것은 물 표면과 물속에서 물이 수증기로 상태가 변하는 끓음 현상입니다.

채점 기준

(1)	'㉡'을 정확히 씀.	
(2)	**정답 키워드** 수증기 | 물 | 변하다 '기체인 수증기가 액체인 물로 변한다.'와 같이 내용을 정확히 씀.	상
	'액체인 물로 변한다.'와 같이 간단히 씀.	중

8 물이 수증기로 변하는 것을 이용해 스팀다리미로 옷의 주름을 폅니다.

9 ㉠, ㉡, ㉣은 물이 수증기로 상태가 변하는 것을 이용한 예이고, ㉢은 물이 얼음으로 상태가 변하는 것을 이용한 예입니다.

10 가습기는 수증기를 발생시켜 실내의 습도를 조절하는 기구입니다.

3. 그림자와 거울

① 그림자가 생기는 조건 / 투명한 물체와 불투명한 물체의 그림자

단원평가 46~47쪽

1 ②, ④ **2** ⓒ **3** 바라보는 **4** ⓛ
5 예 구름이 햇빛을 가리면 물체 주변에 생긴 그림자가 사라진다. **6** ⑤ **7** ⓘ 투명 ⓛ 불투명 **8** ⓛ
9 (1) ⓛ (2) 예 빛이 나아가다가 유리컵과 같은 투명한 물체를 만나면 빛이 대부분 통과해 연한 그림자가 생긴다.
10 ②

1 그림자가 생기기 위해서는 물체에 빛을 비추어야 합니다.

2 그림자는 물체 뒤쪽에 생깁니다.

3 빛은 물체를 바라보는 방향으로 비추어야 합니다.

4 그림자가 생기기 위해서는 빛과 물체가 있어야 하고, 물체에 빛을 비추어야 합니다.

5

채점 기준	
정답 키워드 그림자 | 사라지다 '구름이 햇빛을 가리면 물체 주변에 생긴 그림자가 사라진다.'와 같이 내용을 정확히 씀.	상
구름이 햇빛을 가린 경우에 대해 썼지만 표현이 부족함.	중

6 무색 비닐, 유리컵 등은 투명한 물체입니다.

7 투명한 물체는 연한 그림자가 생기고, 불투명한 물체는 진한 그림자가 생깁니다.

8 종이컵에 손전등의 빛을 비추면 스크린에 진하고 선명한 그림자가 생깁니다.

9

채점 기준		
(1)	'ⓛ'을 정확히 씀.	
(2)	**정답 키워드** 투명한 물체 | 빛이 통과하다 | 연한 그림자 '빛이 나아가다가 유리컵과 같은 투명한 물체를 만나면 빛이 대부분 통과해 연한 그림자가 생긴다.'와 같이 내용을 정확히 씀.	상
	'유리컵이 투명한 물체이기 때문에 연한 그림자가 생긴다.'와 같이 '빛이 투명한 물체를 만나면 빛이 대부분 통과한다.'라는 내용을 포함하여 쓰지 못함.	중

10 빛이 나무, 창틀, 그늘막, 도자기와 같이 불투명한 물체를 만나면 빛이 통과하지 못하여 진한 그림자가 생깁니다.

② 물체 모양과 그림자 모양이 비슷한 까닭 / 그림자의 크기 변화

단원평가 48~49쪽

1 삼각형 모양 **2** 예 ㄱ자 모양 블록과 스크린에 생긴 그림자의 모양은 같다. **3** ⓘ **4** ①
5 연희 **6** ①, ③ **7** 커 **8** 예 작아진다.
9 (1) ⓛ (2) 예 손전등을 비행기 모양 종이(물체)에 가깝게 한다. **10** ⓒ

1 삼각형 모양 종이에 손전등을 비추면 스크린에 삼각형 모양의 그림자가 생깁니다.

2

채점 기준	
정답 키워드 물체 모양 | 그림자 모양 | 같다 'ㄱ자 모양 블록과 스크린에 생긴 그림자의 모양은 같다.'와 같이 내용을 정확히 씀.	상
물체와 스크린에 생긴 그림자를 비교하여 썼지만 표현이 부족함.	중

3 손전등의 빛을 받는 면의 모양대로 그림자가 생깁니다.

4 빛이 직진하기 때문에 물체의 모양과 그림자의 모양이 비슷합니다.

5 물체를 놓은 방향이 달라지면 그림자의 모양이 달라지기도 합니다.

6 물체의 그림자의 크기를 변화시키기 위해서는 손전등의 위치를 조절하거나 물체의 위치를 조절합니다.

7 스크린과 손전등을 그대로 두고 물체를 손전등에 가깝게 하면 그림자의 크기가 커집니다.

8 손전등을 비행기 모양 종이에서 멀게 하면 그림자의 크기가 작아집니다.

9

채점 기준		
(1)	'ⓛ'을 정확히 씀.	
(2)	**정답 키워드** 손전등 | 비행기 모양 종이(물체) | 가깝게 하다 '손전등을 비행기 모양 종이(물체)에 가깝게 한다.'와 같이 내용을 정확히 씀.	상
	'손전등을 가깝게 한다.'와 같이 '비행기 모양 종이(물체)에 가깝게 한다.'라는 내용을 포함하여 쓰지 못함.	중

10 손전등과 물체 사이의 거리에 따라 그림자의 크기가 달라집니다.

❸ 거울

단원평가   50~51 쪽

1 ⓒ   **2** ①   **3** 교실   **4** ⓒ   **5** ⓒ
6 (1) ⓔ (2) ⓔ 거울에서 빛이 반사되어 빛의 방향이 바뀌기 때문이다.   **7** ②   **8** ④   **9** ②
10 ⓔ 뒤 자동차의 모습을 볼 수 있다. 자동차 뒤의 도로 상황을 알 수 있다. 등

1 실제 손은 왼손이지만 거울에 비친 손의 모습은 오른손처럼 보입니다.

2 거울에 비친 물체의 색깔은 실제 물체와 같습니다.

3 거울에 비친 글자는 실제 글자와 좌우가 바뀌어 보입니다.

4 물체를 거울에 비추어 보면 좌우가 바뀌어 보입니다.

5 손전등을 거울의 맨 아랫부분에 닿도록 비추면서 빛이 나아가는 모습을 관찰합니다.

6 빛의 방향이 바뀌는 ⓔ에 거울을 놓아야 손전등의 빛이 노란색 꽃까지 갈 수 있습니다.

채점 기준

(1)	'ⓔ'을 정확히 씀.	
(2)	**정답 키워드** 거울 | 빛이 반사되다 | 방향이 바뀌다 '거울에서 빛이 반사되어 빛의 방향이 바뀌기 때문이다.'와 같이 내용을 정확히 씀.	상
	'거울에서 빛이 반사되기 때문이다.'와 같이 빛이 반사하면 방향이 바뀐다는 것을 쓰지 못함.	중

7 빛을 다른 방향으로 반사하게 하려면 거울이 바라보는 방향을 바꿉니다.

8 거울은 자신의 모습을 보거나 주변에 있는 다른 모습을 볼 때 사용합니다.

9 어두운 밤에 손전등을 비추는 것은 빛을 이용하여 물건을 보는 예입니다.

10 거울을 사용하면 빛의 방향을 바꿀 수 있기 때문에 자동차 뒷거울을 통해 뒤 자동차 또는 뒤의 도로 상황을 알 수 있습니다.

채점 기준

정답 키워드 뒤 자동차 | 뒤의 도로 상황 | 보다 등	
'뒤 자동차의 모습을 볼 수 있다.', '자동차 뒤의 도로 상황을 알 수 있다.' 등과 같이 내용을 정확히 씀.	상
'뒤를 볼 수 있다.'와 같이 구체적인 상황을 쓰지 못함.	중

4. 화산과 지진

❶ 화산과 화산 분출물

단원평가   52~53 쪽

1 ①   **2** ①   **3** ⓒ   **4** ③   **5** ③
6 ②   **7** 용암   **8** ②   **9** 로하
10 ⓔ 화산재는 고체 상태이며, 고체 상태의 화산 분출물에는 화산 암석 조각 등이 있다.

1 백두산은 우리나라의 화산으로 산꼭대기가 움푹 파여 있으며, 산꼭대기에 큰 호수가 있습니다.

2 화산의 크기와 생김새가 다양하며, 산꼭대기에 분화구가 있는 곳이 있습니다.

왜 틀렸을까?
② 화산의 꼭대기에는 분화구가 있는 것이 있습니다.
③ 화산은 산꼭대기에 물이 고여 있기도 합니다.
④ 화산은 마그마가 지표 밖으로 분출하여 생긴 지형입니다.
⑤ 암석이 여러 층으로 쌓여 있는 것은 지층입니다.

3 화산은 산꼭대기가 뾰족하지 않고 움푹 파여 있습니다.

⚠ 화산이 아닌 산(지리산): 산꼭대기가 길게 연결되어 있고, 뾰족한 산봉우리가 많음.

4 베수비오산은 이탈리아의 화산이며, 파리쿠틴산은 멕시코의 화산입니다.

5 설악산과 지리산은 화산이 아닌 산으로 산꼭대기가 파여 있지 않고 위로 볼록합니다.

6 화산 활동 모형실험에서 나무막대는 준비하지 않아도 됩니다.

7 용암을 나타내기 위해 빨간색 식용 색소를 사용합니다.

8 화산 활동 모형의 윗부분에서 연기가 피어오르고, 녹은 마시멜로가 흘러나옵니다.

9 화산이 분출할 때 대부분 수증기로 이루어진 화산 가스가 나옵니다.

더 알아보기

화산이 분출할 때 나오는 물질

⬆ 화산 가스(기체)   ⬆ 용암(액체)

⬆ 화산재(고체)   ⬆ 화산 암석 조각(고체)

10 화산재와 화산 암석 조각은 고체 상태의 화산 분출물입니다.

채점 기준

정답 키워드 고체 │ 화산 암석 조각 등	
'화산재는 고체 상태이며, 고체 상태의 화산 분출물에는 화산 암석 조각 등이 있다.' 등의 내용을 정확히 씀.	상
고체 상태와 고체 상태의 화산 분출물(화산 암석 조각 등) 중 한 가지만 정확히 씀.	중

② 화강암과 현무암 / 화산 활동이 우리 생활에 미치는 영향

단원평가
54~55쪽

1 화성암 **2** (1) ㉠ (2) ㉡ **3** 땅속 깊은, 큼
4 ③ **5** ㉡ **6** 예 화강암은 마그마가 땅속 깊은 곳에서 서서히 식어서 만들어지기 때문이다. **7** 정민
8 ①, ③ **9** ㉡ **10** ⑤

1 마그마의 활동으로 만들어진 암석을 화성암이라고 합니다. 화강암과 현무암은 화성암입니다.

2 화강암은 밝은색으로 알갱이가 크고, 현무암은 어두운색으로 알갱이가 매우 작습니다.

3 화강암은 땅속 깊은 곳에서 식어서 만들어져 맨눈으로 구별할 정도로 알갱이의 크기가 큽니다.

4 현무암은 어두운색이고 알갱이가 매우 작으며, 지표 가까운 곳에서 식어서 만들어졌습니다. 또한 표면에 크고 작은 구멍이 많이 뚫려 있는 것도 있습니다. 반짝이는 알갱이가 있는 것은 화강암에 대한 설명입니다.

5 땅속 깊은 곳에서 만들어진 화강암은 맨눈으로 구별할 수 있을 정도로 알갱이의 크기가 큽니다.

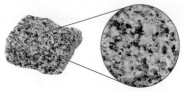

⬆ 화강암의 모습: 알갱이가 큼.

6 화강암은 마그마가 땅속 깊은 곳에서 서서히 식어서 만들어져 알갱이의 크기가 큽니다.

채점 기준

정답 키워드 땅속 깊은 곳 │ 서서히 식다 등	
'마그마가 땅속 깊은 곳에서 서서히 식어서 만들어지기 때문이다.' 등의 내용을 정확히 씀.	상
화강암(㉡) 알갱이의 크기가 큰 까닭에 대해 썼지만, 만들어지는 장소에 대한 내용이 부족함.	중

7 밝은 바탕에 검은색 알갱이가 있는 것은 화강암입니다.

8 땅속의 높은 열은 온천이나 지열 발전에 활용합니다. 지열 발전은 지구 내부의 열을 이용하여 전기를 얻는 방법입니다.

9 땅속의 높은 열을 이용하여 온천 개발에 활용하고, 화산재는 땅을 기름지게 하여 농작물이 잘 자라게 합니다.

왜 틀렸을까?

㉠ 온천 개발에 활용하는 것은 땅속의 높은 열입니다.
㉡ 땅속의 높은 열을 이용하여 지열 발전 및 온천 개발에 활용합니다. 용암은 마을이나 농경지를 덮거나 산불을 발생시켜 피해를 줍니다.

10 화산 활동으로 인한 날씨의 변화로 동·식물이 피해를 입을 수 있습니다.

③ 지진

단원평가
56~57쪽

1 ① **2** 예 수평 **3** ④ **4** 돋길 **5** ④
6 짧은 **7** ㉡ **8** ③ **9** 예 지진은 땅이 지구 내부에서 작용하는 힘을 오랫동안 받으면 끊어져서 발생한다.
10 ⑤

1 지진은 땅이 끊어지면서 흔들리는 것입니다. 땅이 지구 내부에서 작용하는 힘을 오랫동안 받을 때, 땅이 휘어지거나 끊어지기도 합니다.

2 우드록을 수평 방향으로 밀면서 변화를 관찰합니다.

3 우드록을 밀면 처음에는 우드록이 점점 휘어지다가 계속 밀면 소리를 내며 끊어집니다.

4 우드록을 계속 밀면 결국 우드록이 끊어집니다. 우드록은 땅을 의미하며, 우드록이 끊어질 때의 떨림은 지진을 의미합니다.

5 지진 발생 모형실험에서 우드록이 끊어질 때의 떨림은 실제 자연 현상에서 지진에 해당합니다.

6 우드록은 짧은 시간 동안 가해진 힘에 의해 끊어집니다.

7 지진은 화산 활동이 일어날 때뿐만 아니라, 지표의 약한 부분이나 지하 동굴이 무너질 때 등 다양한 경우에 발생합니다.

8 지진판을 약하게 흔들면 블록이 조금 흔들리고, 세게 흔들면 블록이 무너져 내립니다.

> **왜 틀렸을까?**
> ① 흔들림 지진판은 실제 자연 현상에서 땅을 의미합니다.
> ②, ④, ⑤ 지진판을 흔들면 블록이 조금 흔들리다가 무너져 내립니다.

9 지진은 땅이 지구 내부에서 작용하는 힘을 오랫동안 받아 끊어져서 발생합니다.

> **채점 기준**
>
> | 정답 키워드 지구 내부에서 작용하는 힘ㅣ끊어지다 등 | |
> | --- | --- |
> | '땅이 지구 내부에서 작용하는 힘을 오랫동안 받으면 끊어져서 발생한다.' 등의 내용을 정확히 씀. | 상 |
> | '지구 내부에서 작용하는 힘'과 '끊어진다.' 중 한 가지를 쓰지 못함. | 중 |

10 지진은 지하 동굴이 무너질 때 발생하기도 합니다.

④ 지진 피해 사례 / 지진 대처 방법

> **단원평가** 58쪽
>
> **1** ③   **2** ③, ⑤   **3** 예 먼저   **4** ②

1 지진의 세기는 규모로 나타냅니다.

2 지진 발생 지역, 규모, 피해 내용 등을 조사합니다.

3 승강기 안에서 지진 발생 시, 모든 층의 버튼을 눌러 가장 먼저 열리는 층에서 내린 후 계단을 이용합니다.

4 책상 아래로 들어가 몸과 머리를 보호합니다.

5. 물의 여행

① 물의 이동 과정

> **단원평가** 59~60쪽
>
> **1** ㉡   **2** 현진   **3** ②   **4** ㉢   **5** ①
> **6** 예 상태   **7** 예 모래 위에 있는 얼음이 녹아 물이 된다. 등
> **8** ⑤   **9** ②   **10** ㉡

1 물의 이동 과정을 알아보기 위한 실험에서 온도계는 필요한 준비물이 아닙니다.

2 열 전구 스탠드의 열로 인해 모래 위의 얼음이 녹습니다.

3 실험에서 모래 위의 얼음이 고체 상태로 존재합니다.

4 열 전구 스탠드를 켜고 약 5분이 지나면 컵 안쪽 벽면에 김이 서리기 시작하고, 모래 위의 얼음이 모두 녹습니다.

5 실험에서 컵 안의 물이 어는 모습은 관찰할 수 없습니다.

6 실험으로 물의 이동 과정과 상태 변화를 알 수 있습니다.

7 고체 상태의 얼음이 열 전구 스탠드의 열로 인해 녹아 액체 상태의 물이 됩니다.

> **채점 기준**
>
> | 정답 키워드 얼음이 녹다ㅣ물이 된다 등 | |
> | --- | --- |
> | '모래 위에 있는 얼음이 녹아 물이 된다.' 등의 물의 상태가 변하는 모습을 정확히 씀. | 상 |
> | 실험에서 관찰할 수 있는 물의 상태가 변하는 모습을 썼지만, 표현이 정확하지 않음. | 중 |

> **더 알아보기**
>
> **실험 장치에서 관찰할 수 있는 물의 상태 변화**
> • 모래 위의 고체 상태의 얼음이 녹아 액체 상태의 물이 됩니다.
> • 컵 안의 액체 상태의 물이 기체 상태의 수증기로 변합니다.
> • 컵 안의 기체 상태의 수증기가 차가운 컵 뚜껑 밑면이나 벽면에 닿으면 액체 상태의 물로 변합니다.

8 기체 상태의 수증기가 액체 상태의 물로 변하는 현상을 응결이라고 합니다.

9 액체 상태의 물이 기체 상태의 수증기로 변하는 현상을 증발이라고 합니다.

10 실험에서 열 전구 스탠드를 태양이라고 하고 컵 안을 지구라고 할 때, 컵 안의 얼음은 눈, 얼음, 빙하 등을 나타냅니다.

② 물의 순환

단원평가 61~62쪽

1 ㉠ 예 상태 ㉡ 예 돌고 도는   2 ③   3 ㉡
4 ㉠   5 ④   6 잎   7 ㉠   8 도진
9 ①   10 예 물은 새로 생기거나 없어지지 않고 기체, 액체, 고체로 상태를 바꾸며 순환하기 때문이다. 등

1 물이 상태를 바꾸며 육지와 바다, 공기, 생명체 사이를 끊임없이 돌고 도는 과정을 물의 순환이라고 합니다.

2 비, 강, 지하수, 바닷물 등은 액체 상태입니다.

3 수증기가 응결하면 구름이 됩니다.

4 수증기가 응결하여 만들어지는 것은 구름입니다.

5 바다나 강에서 증발한 수증기와 식물 잎에서 나온 수증기는 모두 기체 상태입니다.

6 땅속의 물은 식물의 뿌리로 흡수되었다가 잎을 통하여 공기 중으로 나옵니다.

7 강물은 바다로 이동합니다. 바다, 강, 호수, 땅 등에 있는 물은 증발하여 수증기가 됩니다.

> **더 알아보기**
>
> **물의 순환 과정**
> • 식물의 잎에서 수증기가 나옵니다.
> • 수증기가 응결하여 구름이 됩니다.
> • 구름에서 비나 눈이 되어 땅이나 강으로 내립니다.
> • 물이 땅속으로 스며듭니다.
> • 땅속에서 지하수로 흐릅니다.
> • 식물의 뿌리가 땅속의 물을 빨아들입니다.

8 물은 새로 생기거나 없어지지 않고 상태를 바꾸며 육지와 바다, 공기, 생명체 사이를 끊임없이 순환합니다.

9 물방울은 상태만 바꾸어 이동하므로 없어지지 않습니다.

10 물은 순환하면서 새로 생기거나 없어지지 않고 상태만 변하기 때문에 지구 전체에 있는 물의 양은 항상 일정합니다.

> **채점 기준**
>
> | **정답 키워드** 새로 생기다 \| 없어지지 않는다 \| 상태를 바꾸며 순환한다 등 | |
> |---|---|
> | '물은 새로 생기거나 없어지지 않고 기체, 액체, 고체로 상태를 바꾸며 순환하기 때문이다.' 등의 내용을 정확히 씀. | 상 |
> | 지구 전체에 있는 물의 양이 항상 일정한 까닭을 썼지만, 표현이 정확하지 않음. | 중 |

③ 물의 중요성 / 물 부족 현상 해결 방법

단원평가 63~64쪽

1 ㉠ 예 생명 ㉡ 예 유지   2 ③   3 ㉢
4 ③   5 (1) ○   6 ④   7 ㉡   8 ㉠
9 ⑤   10 예 페달을 밟아 땅속의 물을 퍼 올려 밭에 물을 주는 데 이용한다. 등

1 물은 생명체의 생명을 유지하는 데 이용됩니다.

2 철 고물을 분리할 때에는 물을 이용하지 않습니다.

3 우리가 이용한 물도 순환하기 때문에 지구 전체 물의 양은 항상 일정합니다.

4 홍수는 비가 많이 내려 주변 지역에 피해를 주는 자연 재해입니다.

5 식물이나 동물의 몸속에 있는 물은 순환하면서 생명을 유지하게 합니다.

6 물은 순환하기 때문에 우리가 이용한 물은 우리에게 다시 돌아올 수 있습니다.

7 기후 변화로 가뭄이 증가하고, 인구 증가와 산업 발달로 물의 이용량이 늘어나며, 물의 오염이 심해져 이용할 수 있는 물의 양이 줄어들고 있습니다.

8 바닷물을 마실 수 있는 물로 바꾸어 식수로 사용합니다.

> **더 알아보기**
>
> **물 부족 현상을 해결하기 위해 물을 모으는 장치**
> • 와카워터: 공기 중의 수증기가 응결하여 생기는 물방울을 모읍니다.
> • 빗물 저금통: 빗물을 모아 화단에 물을 주거나 청소할 때 이용합니다.
> • 머니 메이커: 땅속의 물을 퍼 올려 밭에 물을 줄 때 이용합니다.
> • 해수 담수화 시설: 바닷물을 마실 수 있는 물로 바꾸어 줍니다.

9 물을 받아서 세수하면 물을 절약할 수 있습니다.

10 머니 메이커는 페달을 밟아 땅속의 물을 퍼 올려서 물 부족 현상을 해결하는 장치입니다.

> **채점 기준**
>
> | **정답 키워드** 땅속의 물 \| 퍼 올리다 \| 밭 등 | |
> |---|---|
> | '페달을 밟아 땅속의 물을 퍼 올려 밭에 물을 주는 데 이용한다.' 등의 내용을 정확히 씀. | 상 |
> | 밭에 물을 주는 데 이용한다는 것을 썼지만, 어떻게 물을 얻는지는 쓰지 못함. | 중 |

1. 분수의 덧셈과 뺄셈

1 1, 3 **2** 3, 4

3 2, 3, 1, 5, 5, 6, $5\frac{6}{7}$ **4** 4, 1, 7, 2, 3, 5, $3\frac{5}{10}$

5 2 ; 6, 4, 2 **6** 9, 2, 7 ; 9, 2, 9, 2, 7

7 (1) $5\frac{7}{9}$ (2) $5\frac{3}{8}$ **8** (1) $2\frac{3}{8}$ (2) $3\frac{5}{6}$

9 ✕ **10** $2\frac{6}{8}$

11 $1\frac{9}{10}$ **12** >

13 예 $\frac{3}{5}$ L씩 2컵이므로 유경이가 마신 우유는 모두

$\frac{3}{5}+\frac{3}{5}=\frac{6}{5}=1\frac{1}{5}$ (L)입니다. ; $1\frac{1}{5}$ L

14 $8\frac{1}{3}$ kg **15** 소나무, $1\frac{3}{5}$ m

---

8 (1) $5-2\frac{5}{8}=4\frac{8}{8}-2\frac{5}{8}=2+\frac{3}{8}=2\frac{3}{8}$

(2) $8\frac{1}{6}-4\frac{2}{6}=7\frac{7}{6}-4\frac{2}{6}=3+\frac{5}{6}=3\frac{5}{6}$

9 $2\frac{3}{7}+3\frac{4}{7}=(2+3)+\left(\frac{3}{7}+\frac{4}{7}\right)=5+\frac{7}{7}=6$

$4\frac{1}{5}+2\frac{4}{5}=(4+2)+\left(\frac{1}{5}+\frac{4}{5}\right)=6+\frac{5}{5}=7$

10 $10-7\frac{2}{8}=9\frac{8}{8}-7\frac{2}{8}=2+\frac{6}{8}=2\frac{6}{8}$

11 $3\frac{5}{10}-1\frac{6}{10}=2\frac{15}{10}-1\frac{6}{10}=1+\frac{9}{10}=1\frac{9}{10}$

12 $2\frac{4}{6}+1\frac{3}{6}=(2+1)+\left(\frac{4}{6}+\frac{3}{6}\right)=3+1\frac{1}{6}=4\frac{1}{6}$

$5\frac{1}{6}-\frac{8}{6}=\frac{31}{6}-\frac{8}{6}=\frac{23}{6}=3\frac{5}{6} \Rightarrow 4\frac{1}{6}>3\frac{5}{6}$

13 채점 기준

유경이가 마신 우유의 양을 구하는 식을 세우고 답을 바르게 씀.	상
유경이가 마신 우유의 양을 구하는 식은 세웠으나 계산 실수를 하여 답을 틀리게 씀.	중
유경이가 마신 우유의 양을 구하는 식을 세우지 못해 답을 틀리게 씀.	하

---

14 $43\frac{2}{3}-35\frac{1}{3}=(43-35)+\left(\frac{2}{3}-\frac{1}{3}\right)$

$=8+\frac{1}{3}=8\frac{1}{3}$ (kg)

15 $3\frac{2}{5}>1\frac{4}{5}$ 이므로 소나무가

$3\frac{2}{5}-1\frac{4}{5}=2\frac{7}{5}-1\frac{4}{5}=1\frac{3}{5}$ (m) 더 높습니다.

1 7 ; 7, $1\frac{1}{6}$ **2** $\frac{7}{9}$ **3** $\frac{3}{8}$

4 10, 11, 10, 11, 21, $3\frac{3}{6}$

5 30, 19, 30, 19, 11, $1\frac{4}{7}$

6 (1) $5\frac{8}{9}$ (2) $2\frac{3}{5}$ **7** $5\frac{4}{9}$

8 맨 오른쪽에 ◯표

9

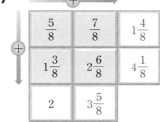

$\frac{5}{8}$	$\frac{7}{8}$	$1\frac{4}{8}$
$1\frac{3}{8}$	$2\frac{6}{8}$	$4\frac{1}{8}$
2	$3\frac{5}{8}$	

10 $3\frac{3}{9}, 5\frac{8}{9}$ **11** $\frac{2}{7}, \frac{4}{7}$

12 $2\frac{2}{5}$ L **13** $\frac{6}{8}$ km

14 예 (남은 주스의 양)

$=1-\frac{3}{10}-\frac{2}{10}=\frac{7}{10}-\frac{2}{10}=\frac{5}{10}$ (L) ; $\frac{5}{10}$ L

15 2개, $\frac{1}{4}$ kg **16** 1, 2, 3, 4

17 예 $3-1\frac{3}{5}$은 3에서 1을 빼고 $\frac{3}{5}$을 더 빼야 하니까

$2-\frac{3}{5}=1\frac{5}{5}-\frac{3}{5}=1\frac{2}{5}$입니다.

18 예 $\frac{20}{10}+\frac{17}{10}, \frac{21}{10}+\frac{16}{10}, \frac{22}{10}+\frac{15}{10}$

19 4, 7 ; $\frac{6}{9}$ **20** $4\frac{6}{7}$ m

7 가장 큰 분수: $4\dfrac{8}{9}$, 가장 작은 분수: $\dfrac{5}{9}$

$\Rightarrow 4\dfrac{8}{9}+\dfrac{5}{9}=4\dfrac{13}{9}=5\dfrac{4}{9}$

10 $4\dfrac{2}{9}-\dfrac{8}{9}=3\dfrac{11}{9}-\dfrac{8}{9}=3\dfrac{3}{9}$, $3\dfrac{3}{9}+2\dfrac{5}{9}=5\dfrac{8}{9}$

11 분모가 7인 진분수는 $\dfrac{1}{7}$, $\dfrac{2}{7}$, $\dfrac{3}{7}$, $\dfrac{4}{7}$, $\dfrac{5}{7}$, $\dfrac{6}{7}$입니다.

이 중 합이 $\dfrac{6}{7}$, 차가 $\dfrac{2}{7}$인 두 진분수는 $\dfrac{2}{7}$와 $\dfrac{4}{7}$입니다.

14

채점 기준	
전체 주스의 양에서 주아와 유준이가 마신 주스의 양을 빼어 답을 바르게 씀.	상
전체 주스의 양에서 주아와 유준이가 마신 주스의 양을 빼는 것은 알지만 답을 틀리게 씀.	중
전체 주스의 양에서 주아와 유준이가 마신 주스의 양을 빼는 것을 알지 못해 답을 틀리게 씀.	하

15 $2\dfrac{3}{4}-1\dfrac{1}{4}=1\dfrac{2}{4}$ (kg), $1\dfrac{2}{4}-1\dfrac{1}{4}=\dfrac{1}{4}$ (kg)

따라서 빵을 2개까지 만들 수 있고, 남는 밀가루는

$\dfrac{1}{4}$ kg입니다.

16 $\dfrac{2}{6}+\dfrac{\square}{6}<1\dfrac{1}{6}$에서 $\dfrac{2}{6}+\dfrac{\square}{6}<\dfrac{7}{6}$, $2+\square<7$이므로 $\square$ 안에 들어갈 수 있는 자연수는 1, 2, 3, 4입니다.

17

채점 기준	
틀린 부분을 찾아 바르게 고침.	상
틀린 부분을 찾았으나 바르게 고치지 못함.	중
틀린 부분을 찾지 못해 바르게 고치지 못함.	하

18 $3\dfrac{7}{10}=\dfrac{37}{10}$이므로 두 가분수의 합이 $\dfrac{37}{10}$인 덧셈식을 알아보면 $\dfrac{20}{10}+\dfrac{17}{10}$, $\dfrac{21}{10}+\dfrac{16}{10}$, $\dfrac{22}{10}+\dfrac{15}{10}$ 등이 있습니다.

19 계산 결과가 가장 작으려면 가장 큰 수를 빼는 수의 분자에 쓰고 가장 작은 수를 빼지는 수의 분자에 써야 합니다.

$\Rightarrow 8\dfrac{4}{9}-7\dfrac{7}{9}=7\dfrac{13}{9}-7\dfrac{7}{9}=\dfrac{6}{9}$

20 (이어 붙인 색 테이프의 전체 길이)
= (색 테이프 2장의 길이의 합) − (겹친 부분의 길이)
$=2\dfrac{4}{7}+2\dfrac{4}{7}-\dfrac{2}{7}=4\dfrac{8}{7}-\dfrac{2}{7}=4\dfrac{6}{7}$ (m)

---

2. 삼각형

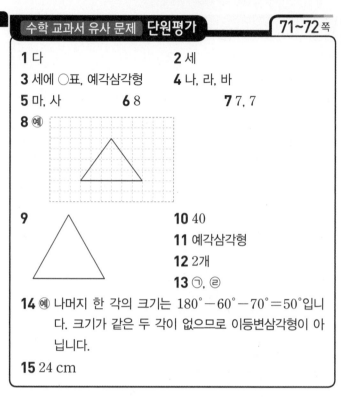

수학 교과서 유사 문제 **단원평가**　71~72쪽

1 다 　　　　**2** 세
3 세에 ○표, 예각삼각형 　**4** 나, 라, 바
5 마, 사 　　**6** 8 　　　**7** 7, 7
8 예

9

10 40
11 예각삼각형
12 2개
13 ㉠, ㉢

14 예 나머지 한 각의 크기는 $180°-60°-70°=50°$입니다. 크기가 같은 두 각이 없으므로 이등변삼각형이 아닙니다.

15 24 cm

9 각도기를 이용하여 주어진 선분의 양 끝에 크기가 각각 $60°$인 각을 그린 후, 두 각의 변이 만나는 점을 찾아 자로 선분의 양 끝과 이어서 삼각형을 완성합니다.

10 이등변삼각형은 두 각의 크기가 같습니다.
$\Rightarrow \square=40$

11 $80°$, $30°$, $70°$는 모두 예각입니다. 따라서 세 각이 모두 예각인 삼각형이므로 예각삼각형입니다.

12 둔각삼각형은 나와 다로 모두 2개입니다.

13 • 두 변의 길이가 같으므로 이등변삼각형입니다.
　• 한 각이 둔각이므로 둔각삼각형입니다.

14 이등변삼각형은 두 각의 크기가 같습니다.
크기가 같은 두 각이 없으면 이등변삼각형이 아닙니다.

채점 기준	
나머지 한 각의 크기를 구하고 이등변삼각형의 성질을 이용하여 까닭을 바르게 씀.	상
나머지 한 각의 크기는 구했지만 까닭을 바르게 쓰지 못함.	중
이등변삼각형의 성질을 알지 못해 까닭을 쓰지 못함.	하

15 세 각의 크기가 모두 $60°$로 같은 삼각형은 정삼각형입니다.
정삼각형은 세 변의 길이가 같으므로 철사는 적어도 $8+8+8=24$ (cm) 필요합니다.

1 가, 다, 바   **2** 가, 나

3 라, 바

4 (위에서부터) 가, 다, 바 ; 나, 마, 라

5 나   **6**

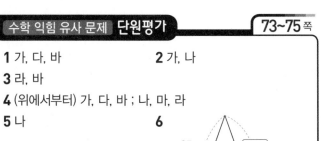

7 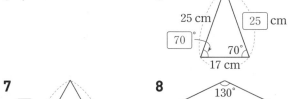   **8**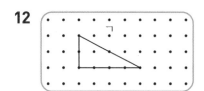

9 ㉠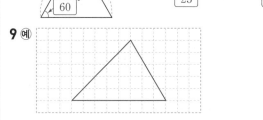

10 ㉠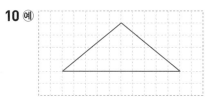

11 ㉠ 세 각의 크기가 모두 60°로 같습니다.
; 두 삼각형의 한 변의 길이가 다릅니다.

12 직각삼각형   **13** 둔각삼각형

14 이등변삼각형   **15** ④, ⑤

16 39 cm

17 ㉠ 정삼각형은 세 변의 길이가 같으므로 정삼각형의 한 변의 길이는 42÷3=14 (cm)입니다. ; 14 cm

18 ㉢

19 이등변삼각형 (또는 둔각삼각형)

20 30°

---

7 정삼각형은 세 변의 길이가 모두 같고, 세 각의 크기가 모두 60°로 같습니다.

8 삼각형의 세 각의 크기의 합은 180°이고, 이등변삼각형은 두 각의 크기가 같으므로
180°−130°=50°, 50°÷2=25° ⇨ ☐=25입니다.

9 세 각이 모두 예각인 삼각형을 그립니다.

11 <u>채점 기준</u>

두 삼각형의 같은 점과 다른 점을 바르게 씀.	상
두 삼각형의 같은 점과 다른 점 중 하나만 바르게 씀.	중
두 삼각형의 같은 점과 다른 점을 쓰지 못함.	하

12

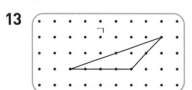

점 ㉠을 왼쪽으로 두 칸 움직이면 한 각이 직각인 직각삼각형이 됩니다.

13

점 ㉠을 오른쪽으로 네 칸 움직이면 한 각이 둔각인 둔각삼각형이 됩니다.

14 두 변의 길이가 같으므로 이등변삼각형입니다.

15 • 둔각이 없으므로 둔각삼각형이 아닙니다.
    • 직각이 없으므로 직각삼각형이 아닙니다.

16 이등변삼각형은 두 변의 길이가 같으므로 나머지 한 변의 길이는 15 cm입니다.
따라서 세 변의 길이의 합은 15+15+9=39 (cm)입니다.

17 <u>채점 기준</u>

정삼각형의 성질을 이용하여 정삼각형의 한 변의 길이를 바르게 씀.	상
정삼각형의 성질을 이용하는 것은 알지만 답을 틀리게 씀.	중
정삼각형의 성질을 알지 못하여 답을 틀리게 씀.	하

18 두 각의 크기가 같으면 이등변삼각형입니다.
삼각형의 나머지 한 각의 크기를 구합니다.
㉠ 180°−70°−50°=60°
㉡ 180°−40°−90°=50°
㉢ 180°−35°−110°=35°
㉣ 180°−120°−20°=40°
따라서 이등변삼각형은 ㉢입니다.

19 삼각형의 나머지 한 각의 크기를 구해 보면
180°−100°−40°=40°입니다.
따라서 두 각의 크기가 같으므로 이등변삼각형이고 한 각이 둔각이므로 둔각삼각형입니다.

20 (각 ㄱㄷㄴ)=180°−60°=120°입니다.
삼각형 ㄱㄴㄷ은 이등변삼각형이므로 각 ㄱㄴㄷ과 각 ㄴㄱㄷ의 크기는 같습니다.
(각 ㄱㄴㄷ)+(각 ㄴㄱㄷ)=180°−120°=60°
⇨ (각 ㄱㄴㄷ)=60°÷2=30°

3. 소수의 덧셈과 뺄셈

1 0.47   **2** 2.45

3 0.9   **4** 0.68

5

$$
\begin{array}{r}
\overset{\boxed{1}}{}0.4 \\
+\;1.9 \\
\hline
\end{array}
\Rightarrow
\begin{array}{r}
\overset{\boxed{1}}{}0.4 \\
+\;1.9 \\
\hline
\boxed{3}
\end{array}
\Rightarrow
\begin{array}{r}
\overset{\boxed{1}}{}0.4 \\
+\;1.9 \\
\hline
\boxed{2}.\boxed{3}
\end{array}
$$

6 ④   **7** (1) > (2) <

8 2.16, 216   **9** 4, 0.004

10 (1) 0.69 (2) 12.71   **11** (1) 0.69 (2) 1.15

12 42.971   **13** ⑤

14 6.78

15 예 소수점의 자리를 잘못 맞추어 계산했습니다.

$$
\begin{array}{r}
0.95 \\
+\;0.4 \\
\hline
1.35
\end{array}
$$

6 소수 오른쪽 끝자리 0은 생략할 수 있습니다.

  ④ 7.06̸0̸ = 7.06

8 21.6의 $\frac{1}{10}$은 소수점을 기준으로 수를 오른쪽으로 한

자리씩 이동하면 2.16입니다.

21.6의 10배는 소수점을 기준으로 수를 왼쪽으로 한

자리씩 이동하면 216입니다.

9

→ 십의 자리 숫자, 10

→ 일의 자리 숫자, 7

→ 소수 첫째 자리 숫자, 0

→ 소수 둘째 자리 숫자, 0.03

→ 소수 셋째 자리 숫자, 0.004

10

(1)
$$
\begin{array}{r}
0.33 \\
+\;0.36 \\
\hline
0.69
\end{array}
$$

(2)
$$
\begin{array}{r}
\overset{1}{} \\
8.46 \\
+\;4.25 \\
\hline
12.71
\end{array}
$$

11

(1)
$$
\begin{array}{r}
\overset{8}{\cancel{9}}\overset{10}{.\cancel{9}7} \\
-\;0.28 \\
\hline
0.69
\end{array}
$$

(2)
$$
\begin{array}{r}
\overset{8}{3}.\overset{10}{\cancel{9}1} \\
-\;2.76 \\
\hline
1.15
\end{array}
$$

12 10이 4개이면 40, 1이 2개이면 2, 0.1이 9개이면

0.9, 0.01이 7개이면 0.07, 0.001이 1개이면 0.001

이므로 42.971입니다.

13 ①, ②, ③, ④ 2.68 ⑤ 0.268

14 $4.93 > 3.76 > 2.87 > 1.85$

  ⇨ $4.93 + 1.85 = 6.78$

15

채점 기준	
잘못 계산한 곳을 찾아 잘못된 까닭을 쓰고 바르게 계산함.	상
잘못 계산한 곳을 찾아 잘못된 까닭을 썼지만 바르게 계산하지 못함.	중
잘못 계산한 곳을 찾지 못하여 까닭을 쓰지 못하고 바르게 계산하지 못함.	하

1 1.36, 일 점 삼육   **2** (1) 0.64 (2) 6.49

3 (1) 4.57 (2) 0.83   **4** 52.78

5 ㉣   **6** 0.32, 1.19, 2.74, 2.745

7 <   **8** 2 L

9 돼지고기, 0.6 kg   **10** 0.93 km

11 예 (남은 끈의 길이)=(처음 끈의 길이)−(사용한 끈의 길이)

           =4.87−2.56=2.31 (m) ; 2.31 m

12 ㉢, ㉡, ㉣, ㉠   **13** 3.086, 삼 점 영팔육

14 0.5 L   **15** 1110

16 5.2   **17** 3, 4, 2

18 5.94   **19** 0.74 L

20 예 ㉠은 일의 자리 숫자이고 3을 나타냅니다.

    ㉡은 소수 셋째 자리 숫자이고 0.003을 나타냅니다.

    3은 0.003의 1000배이므로 ㉠이 나타내는 수는 ㉡이

    나타내는 수의 1000배입니다. ; 1000배

4 10이 5개이면 50, 1이 2개이면 2, $\frac{1}{10}$이 7개이면

0.7, $\frac{1}{100}$이 8개이면 0.08이므로 52.78입니다.

5 ㉠ 0.23   ㉡ 3.482

   └→0.2   └→0.002

  ㉢ 10.025   ㉣ 2.099

      └→0.02   └→2

따라서 2가 나타내는 수가 가장 큰 수는 ㉣입니다.

6 일의 자리, 소수 첫째 자리, 소수 둘째 자리, 소수 셋째

자리 순으로 비교합니다.

  ⇨ 0.32 < 1.19 < 2.74 < 2.745

7 $4.6 - 2.8 = 1.8$, $5.7 - 3.2 = 2.5$ ⇨ $1.8 < 2.5$

8 $1.2 + 0.8 = 2$ (L)

9 $0.6 < 1.2$이므로 돼지고기를 $1.2 - 0.6 = 0.6$ (kg) 더

많이 사셨습니다.

10 $0.68+0.25=0.93$ (km)

11
채점 기준	
처음 끈의 길이에서 사용한 끈의 길이를 빼어 답을 바르게 씀.	상
처음 끈의 길이에서 사용한 끈의 길이를 빼었으나 답을 틀리게 씀.	중
처음 끈의 길이에서 사용한 끈의 길이를 빼지 못하여 답을 틀리게 씀.	하

12 ㉠ 42의 $\frac{1}{100}$: 0.42   ㉡ 0.432의 10배: 4.32

㉢ 1.08의 10배: 10.8   ㉣ 4.21의 $\frac{1}{10}$: 0.421

⇨ ㉢ 10.8 > ㉡ 4.32 > ㉣ 0.421 > ㉠ 0.42

13 일의 자리 숫자는 3, 소수 첫째 자리 숫자는 0, 소수 둘째 자리 숫자는 8, 소수 셋째 자리 숫자는 6이므로 3.086입니다.
3.086은 삼 점 영팔육이라고 읽습니다.

14 소수를 100배 하면 소수점을 기준으로 수가 왼쪽으로 두 자리씩 이동하므로 0.005의 100배는 0.5입니다.
따라서 상자에 들어 있는 주사약은 모두 0.5 L입니다.

15 • 69.2는 6.92의 10배입니다.
• 40은 0.04의 1000배입니다.
• 1.3은 0.013의 100배입니다.
⇨ $10+1000+100=1110$

16 • 0.1이 14개인 수는 1.4입니다.
• 일의 자리 숫자가 3이고, 소수 첫째 자리 숫자가 8인 수는 3.8입니다.
⇨ $1.4+3.8=5.2$

17
$$
\begin{array}{r}
㉠.5\ 4 \\
+\ 2.7\ ㉡ \\
\hline
6.㉢\ 8
\end{array}
$$
• $4+㉡=8 ⇨ ㉡=4$ • $5+7=12 ⇨ ㉢=2$
• $1+㉠+2=6 ⇨ ㉠=3$

18 만들 수 있는 가장 큰 소수 두 자리 수: 9.63
만들 수 있는 가장 작은 소수 두 자리 수: 3.69
⇨ $9.63-3.69=5.94$

19 $1.09-0.35=0.74$ (L)

20
채점 기준	
㉠과 ㉡이 나타내는 수를 구한 후 답을 바르게 씀.	상
㉠과 ㉡이 나타내는 수를 구하였으나 답을 틀리게 씀.	중
㉠과 ㉡이 나타내는 수를 잘못 구하여 답을 틀리게 씀.	하

4. 사각형

수학 교과서 유사 문제 | 단원평가   **81~82쪽**

1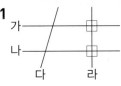

2 직선 다
3 직선 다
4 ㄴㄷ(또는 ㄷㄴ), 사다리꼴

5 변 ㄱㄴ(또는 ㄴㄱ)과 변 ㄹㄷ(또는 ㄷㄹ),
변 ㄱㄹ(또는 ㄹㄱ)과 변 ㄴㄷ(또는 ㄷㄴ)

6 ㉡
7 영민
8 예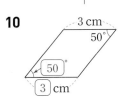
9 1 cm

10
11 55°

12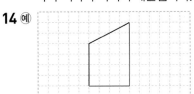

13 예 정사각형이 아닙니다. ; 네 변의 길이는 모두 같지만 네 각이 직각이 아니기 때문입니다.

14 예
(모눈종이 위에 사각형 도형)

15 예 평행사변형에서 이웃하는 두 각의 크기의 합은 180°이므로 70°+(각 ㄴㄱㄹ)=180°, (각 ㄴㄱㄹ)=110°입니다. ; 110°

11 마름모는 마주 보는 두 각의 크기가 같으므로 각 ㄴㄷㄹ의 크기는 55°입니다.

12 직선 밖의 한 점을 지나고 주어진 직선과 평행한 직선은 단 1개뿐입니다.

14 평행한 변이 한 쌍이라도 있는 사각형을 그립니다.

15
채점 기준	
평행사변형의 성질을 이용하여 답을 바르게 씀.	상
평행사변형의 성질을 알고 있으나 실수하여 답을 틀리게 씀.	중
평행사변형의 성질을 몰라 답을 틀리게 씀.	하

수학 익힘 유사 문제 단원평가 　　83~85쪽

1 가, 나　　　　　　　　**2** 3쌍

3 나, 라, 바　　　　　　**4** 라, 바

5 ②　　　　　　　　　　**6** 5개

7

8 예)

9 예) 평행한 변이 있기 때문에 사다리꼴입니다.

10 80°　　　　　　　　**11** ㉢, ㉣

12 ④　　　　　　　　　**13** 8 cm

14 8 cm, 120°

15

16

17 40 cm　　　　　　　**18** 8 cm

19 9 cm　　　　　　　　**20** 72 cm

9 채점 기준

도형이 사다리꼴인 까닭을 바르게 씀.	상
사다리꼴에 대해서는 알지만 까닭을 틀리게 씀.	중
사다리꼴의 의미를 몰라 까닭을 틀리게 씀.	하

10 평행사변형에서 이웃하는 두 각의 크기의 합은 180°이므로 각 ㄱㄴㄷ의 크기는 180°−100°=80°입니다.

14 마름모는 네 변의 길이가 모두 같으므로 변 ㄱㄴ의 길이는 8 cm입니다.
마름모는 이웃하는 두 각의 크기의 합이 180°이므로 각 ㄴㄷㄹ의 크기는 180°−60°=120°입니다.

16 네 변의 길이가 모두 같은 사각형을 그립니다.

17 마름모는 네 변의 길이가 모두 같으므로 한 변이 10 cm 인 마름모의 네 변의 길이의 합은 10×4=40 (cm)입니다.

18 평행사변형은 마주 보는 두 변의 길이가 같으므로 (변 ㄹㄷ)=9 cm이고 34−9−9=16 (cm)입니다.
⇨ (변 ㄴㄷ)=16÷2=8 (cm)

19 변 ㄱㅇ과 변 ㄴㄷ 사이의 거리는 변 ㄱㄴ의 길이와 같습니다. ⇨ (변 ㄱㄴ)=2+4+3=9 (cm)

20 마름모는 네 변의 길이가 모두 같으므로 철사는 적어도 18×4=72 (cm) 필요합니다.

5. 꺾은선그래프

수학 교과서 유사 문제 단원평가 　　86~87쪽

1 꺾은선그래프　　　　**2** 시각

3 1 ℃　　　　　　　　**4** 거실의 온도의 변화

5 오전 11시, 낮 12시

6 (1) 꺾은선그래프 (2) 막대그래프

7 (나)　　　　　　　　**8** 4일

9 예) 막대그래프는 막대로, 꺾은선그래프는 선분으로 나타냈습니다.

10 0, 예) 7000

11

인구수

12 2020년　　　　　　　**13** 840대

14 100대

15 예) 늘어날 것입니다. ; 꺾은선그래프가 계속 증가하고 있기 때문입니다.

5 선분이 가장 많이 기울어진 때는 오전 11시와 낮 12시 사이입니다.

6 자료의 크기를 쉽게 비교하려면 막대그래프로, 시간의 흐름에 따라 자료가 어떻게 변하는지 알려면 꺾은선그래프로 나타내는 것이 좋습니다.

7 꺾은선그래프에서 선분이 기울어진 정도를 보면 키의 변화를 한눈에 알아볼 수 있습니다.

8 선분이 오른쪽 위로 가장 많이 기울어진 때는 3일과 4일 사이입니다.

11 수량을 점으로 표시하고, 그 점들을 선분으로 이어 그려 꺾은선그래프를 완성합니다.

12 꺾은선이 오른쪽 아래로 기울어진 때는 2019년과 2020년 사이이므로 전년도에 비해 인구수가 줄어든 때는 2020년입니다.

13 에어컨 판매량이 가장 많은 때는 7월이고, 판매량은 840대입니다.

14 6월의 에어컨 판매량: 830대
4월의 에어컨 판매량: 730대
⇨ 830−730=100(대)

15 까닭이 타당하면 정답입니다.

채점 기준	
8월의 에어컨 판매량이 어떻게 될지 예상하고 까닭을 바르게 씀.	상
8월의 에어컨 판매량이 어떻게 될지 예상했지만 까닭을 틀리게 씀.	중
8월의 에어컨 판매량이 어떻게 될지 예상하지 못하고 까닭도 틀리게 씀.	하

수학 익힘 유사 문제 단원평가   88~90쪽

1 꺾은선그래프   **2** 8, 11, 11, 10
3 오전 7시   **4** 오전 9시, 오전 10시
5 꺾은선그래프   **6** ㉠, ㉣
7 ⑩ 22 cm   **8** 무게
9 ⑩ 0.2 kg
10

고양이의 무게

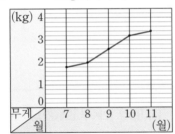

11 158명, 175명
12 ⑩

연도별 졸업생 수

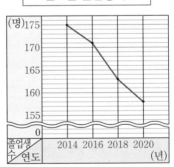

13 ⑩ 필요 없는 부분을 줄여서 나타낼 수 있기 때문에 변화하는 모습이 잘 나타납니다.
14 0.1 m   **15** 2번
16 ⑩ 4.5 m   **17** 13일, 19일
18 2020년   **19** 2020년
20 2016년

---

2 세로 눈금 5칸이 5 ℃를 나타내므로 세로 눈금 한 칸은 1 ℃를 나타냅니다.

3 점이 가장 아래쪽으로 내려간 때는 오전 7시입니다.

4 선분의 기울기 변화가 없는 때는 오전 9시와 오전 10시 사이입니다.

6 자료의 크기를 쉽게 비교하려면 막대그래프로, 시간의 흐름에 따라 자료가 어떻게 변하는지 알려면 꺾은선그래프로 나타내는 것이 좋습니다.

11 졸업생 수가 가장 적은 158명부터 졸업생 수가 가장 많은 175명까지는 꼭 필요한 부분입니다.

13
채점 기준	
변화하는 모습을 잘 알 수 있다고 씀.	상
변화하는 모습을 잘 알 수 있다는 의미가 있지만 설명이 부족함.	중
물결선을 사용하면 좋은 점을 전혀 알지 못함.	하

14 세로 눈금 5칸이 0.5 m를 나타내므로 세로 눈금 1칸은 0.1 m를 나타냅니다.

15 조사 기간 중 수면의 높이가 4 m보다 높은 때는 13일과 25일로 모두 2번입니다.

16

수면의 높이

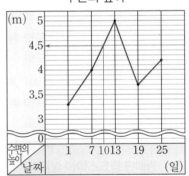

10일의 수면의 높이는 4 m와 5 m의 중간인 4.5 m였을 것입니다.

17 선분이 가장 많이 기울어진 때는 13일과 19일 사이입니다.

18 금메달 수를 나타낸 꺾은선그래프에서 점이 가장 아래쪽으로 내려간 때는 2020년입니다.

19 은메달 수를 나타낸 꺾은선그래프에서 메달 수가 4개일 때의 연도를 찾아보면 2020년입니다.

20 은메달 수를 나타낸 꺾은선그래프에서 선분이 가장 많이 오른쪽 아래로 기울어진 때는 2012년과 2016년 사이입니다.

6. 다각형

수학 교과서 유사 문제 **단원평가** **91~93**쪽

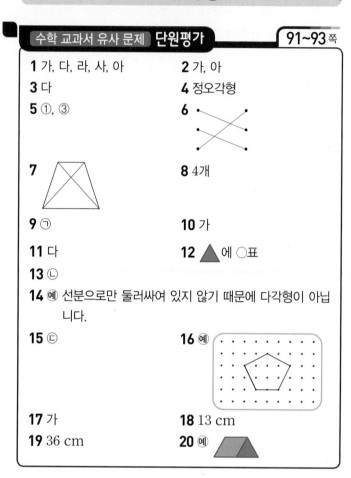

1 가, 다, 라, 사, 아 **2** 가, 아
3 다 **4** 정오각형
5 ①, ③ **6**
7
8 4개
9 ㉠ **10** 가
11 다 **12** ▲에 ○표
13 ㉡
14 예 선분으로만 둘러싸여 있지 않기 때문에 다각형이 아닙니다.
15 ㉢ **16** 예
17 가 **18** 13 cm
19 36 cm **20** 예

수학 교과서 유사 문제 **단원평가** **94~96**쪽

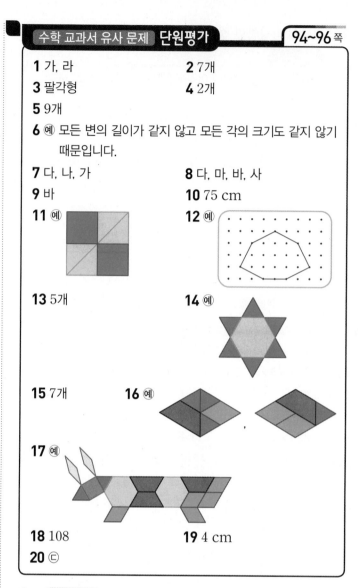

1 가, 라 **2** 7개
3 팔각형 **4** 2개
5 9개
6 예 모든 변의 길이가 같지 않고 모든 각의 크기도 같지 않기 때문입니다.
7 다, 나, 가 **8** 다, 마, 바, 사
9 바 **10** 75 cm
11 예 **12** 예
13 5개 **14** 예
15 7개 **16** 예
17 예
18 108 **19** 4 cm
20 ㉡

---

3 선분으로만 둘러싸인 도형을 다각형이라고 합니다.

4 변의 길이가 모두 같고, 각의 크기가 모두 같은 다각형을 정다각형이라고 합니다.
변이 5개인 정다각형은 정오각형입니다.

5 다각형에서 서로 이웃하지 않는 두 꼭짓점을 이은 선분을 대각선이라고 합니다.

11 정사각형은 두 대각선의 길이가 같습니다.

12 삼각형은 세 꼭짓점이 모두 이웃하므로 대각선이 없습니다.

14

채점 기준	
도형이 다각형이 아닌 까닭을 바르게 씀.	상
도형이 다각형이 아닌 것은 알지만 까닭을 틀리게 씀.	중
다각형의 의미를 몰라 답을 틀리게 씀.	하

17 마름모는 두 대각선이 서로 수직으로 만납니다.

18 직사각형은 두 대각선의 길이가 같으므로 선분 ㄴㄹ의 길이는 13 cm입니다.

19 정육각형은 6개의 변의 길이가 모두 같으므로 정육각형의 모든 변의 길이의 합은 $6 \times 6 = 36$ (cm)입니다.

6

채점 기준	
정육각형이 아닌 까닭을 바르게 씀.	상
정육각형이 아닌 까닭을 썼으나 설명이 부족함.	중
정육각형의 의미를 몰라 까닭을 틀리게 씀.	하

10 정오각형은 5개의 변의 길이가 모두 같으므로 $15 \times 5 = 75$ (cm)입니다.

15 대각선의 수가 사다리꼴은 2개, 삼각형은 0개, 정오각형은 5개, 원은 0개이므로 대각선의 수를 모두 더하면 $2 + 5 = 7$(개)입니다.

18 정오각형은 5개의 각의 크기가 모두 같으므로 108°입니다.

19 (정팔각형을 만드는 데 사용한 색 테이프의 길이)
$= 12 \times 8 = 96$ (cm)
⇨ (남은 색 테이프의 길이) $= 100 - 96 = 4$ (cm)

20 ㉠ 사각형의 대각선은 2개입니다.
㉡ 삼각형의 한 꼭짓점에서 그을 수 있는 대각선은 없습니다.

검정 교과서
단원평가 자료집
정답과 풀이

※ 주의

책 모서리에 다칠 수 있으니 주의하시기 바랍니다.

부주의로 인한 사고의 경우 책임지지 않습니다.

검정 교과서
단원평가 자료집

정답과 풀이

기초 학습능력 강화 프로그램

매일 조금씩 **공부력** UP!

똑똑한 하루
시리즈

쉽다!

초등학생에게 꼭 필요한 지식을
학습 만화, 게임, 퍼즐 등을 통한
'비주얼 학습'으로 쉽게 공부하고 이해!

빠르다!

하루 10분, 주 5일 완성의
커리큘럼으로 빠르고 부담 없이
초등 기초 학습능력 향상!

재미있다!

교과서는 물론 생활 속에서
쉽게 접할 수 있는 다양한 소재를 활용해
스스로 재미있게 학습!

더 새롭게! 더 다양하게! 전과목 시리즈로 돌아온 '똑똑한 하루'

국어 (예비초~초6)

예비초~초6 각 A·B
교재별 14권

예비초: 예비초 A·B
초1~초6: 1A~4C
14권

영어 (예비초~초6)

초3~초6 Level 1A~4B
8권

Starter A·B
1A~3B
8권

수학 (예비초~초6)

초1~초6 1·2학기
12권

예비초~초6 각 A·B
14권

초1~초6 각 A·B
12권

봄·여름
가을·겨울 (초1~초2)

봄·여름·가을·겨울
각 2권 / 8권

안전 (초1~초2)

안전 이미지

초1~초2
2권

사회·과학 (초3~초6)

학기별 구성
사회·과학 각 8권